어린이
손글씨의 힘!

어린이 손글씨의 힘!

창용쌤 기적의 글씨 교정 5가지 공식

창용쌤 김창용 지음

시원북스

프롤로그

창용쌤이 만든 5가지 글씨 공식으로
누구나 하루 만에 글씨 교정!

안녕하세요. 창용쌤입니다.

예쁜 글씨를 쓰고 싶은데 글씨가 엉망이라고요?

지금 글씨가 아무리 엉망이어도 괜찮아요.

선생님이 알려주는 방법을 재미있게 따라 하기만 하면 누구나 예쁜 글씨를 쓸 수 있답니다.

글씨 쓰기에도 '공식'이 있다는 사실, 알고 있었나요?

글씨는 누구나 쓸 수 있지만, 예쁘게 쓰는 방법을 아는 사람은 많지 않아요.

선생님이 직접 발견한 5가지 글씨 공식을 이 책에서 소개할 거예요.

원리만 배우면 누구나 쉽게 예쁜 글씨를 쓸 수 있어요.

글씨를 잘 쓸 수 있는
5가지 핵심 공식만 알면 됩니다!

수학에서 공식을 알면 문제를 쉽게 풀 수 있죠?
5가지 글씨 공식은 기적처럼 글씨를 반듯하고 예쁘게 쓸 수 있게 해 줄 거예요.
그래서 이 책은 '기적의 글씨 교정 워크북'이에요.
선생님이 군더더기 없이 최대한 간결하게 알려줄게요.

선생님의 별명은 '판서 한석봉'
누구보다 '글씨에 진심'이에요!

선생님은 손글씨를 사랑하고 누구보다 '글씨에 진심'인 사람입니다.
그런 선생님을 보고 방송국에서 '판서 한석봉'이라는 별명을 지어주셨어요.
여러분 또래인 선생님 반의 학생들은 칠판에 쓴 선생님의 글씨를 보고 따라 쓰려고 노력한답니다.

선생님이 직접 쓴 칠판 글씨

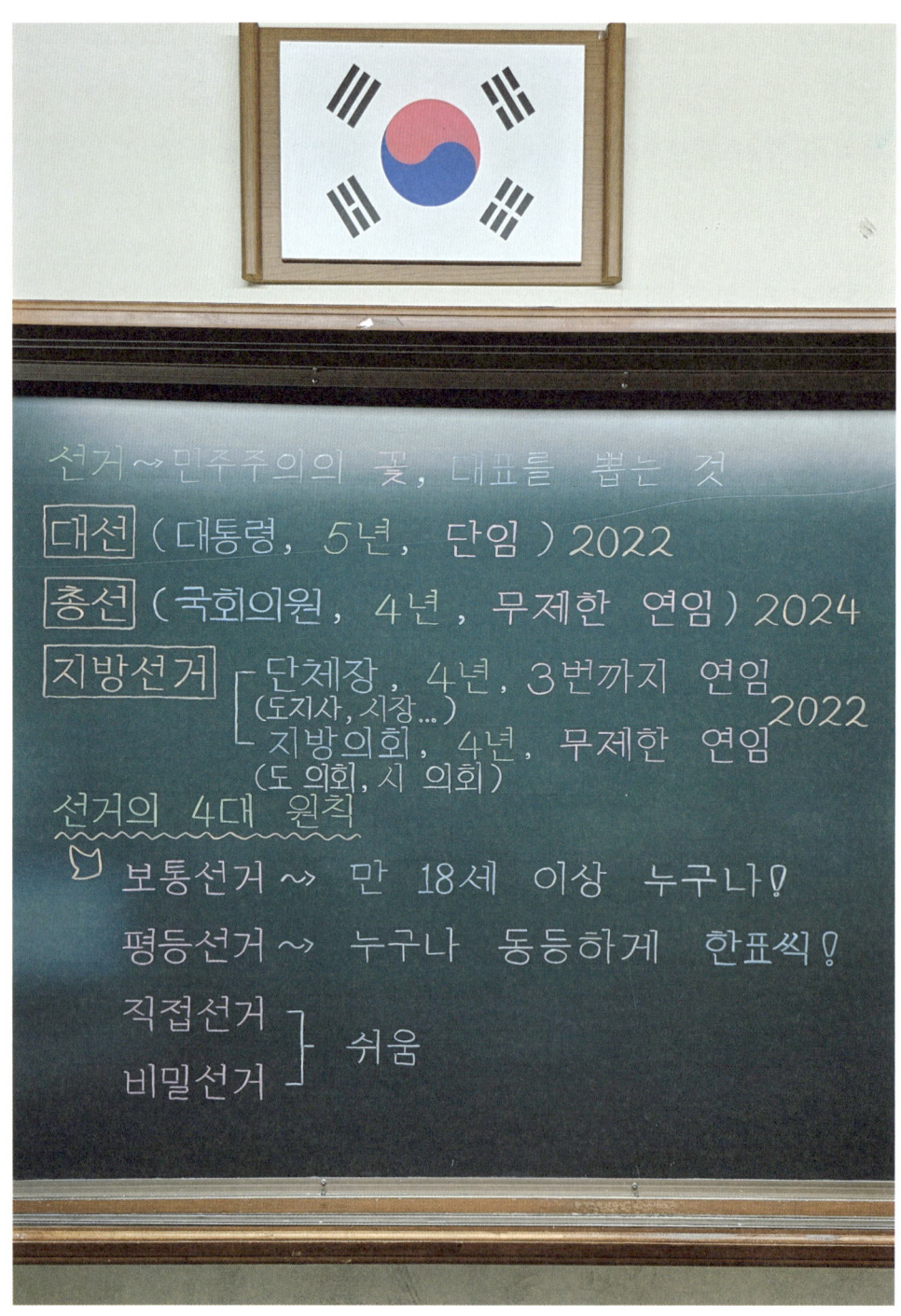

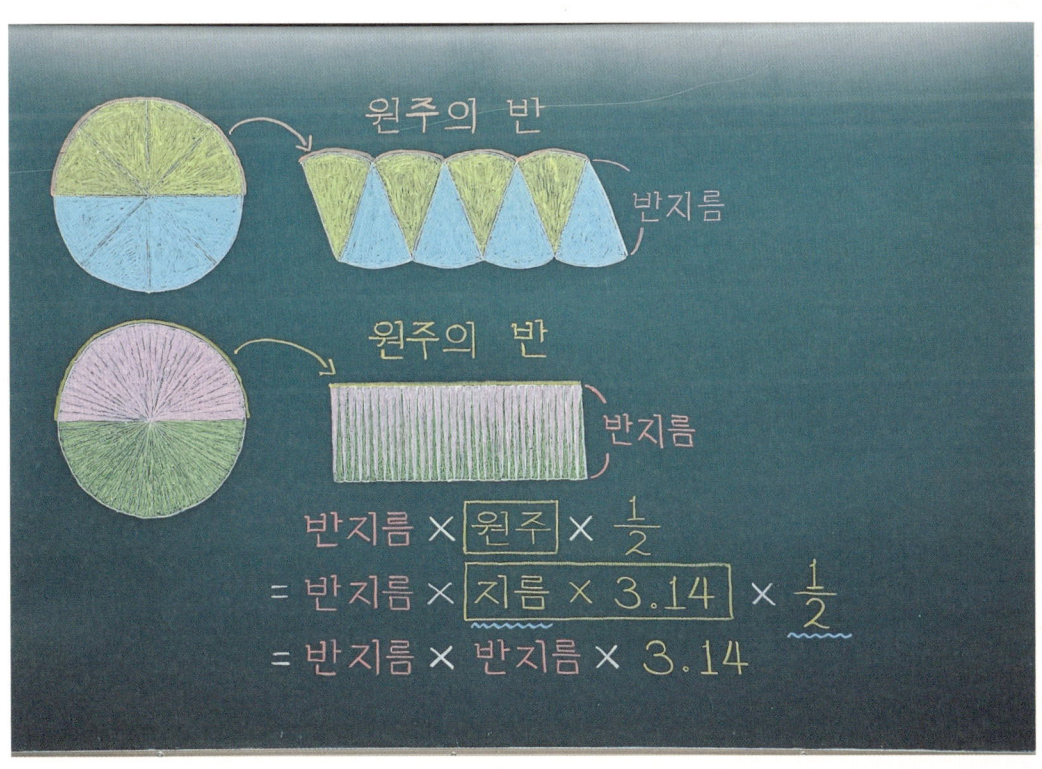

선생님처럼 글씨를 쓰고 싶어 하는 친구들이 참 많아요.

이 책을 보고 있다면 예쁜 글씨를 쓰고 싶은 마음이 아주 클 거예요.

여러분의 글씨가 반드시 예뻐지도록 만들어드릴게요.

그리고 이 책과 함께 '예쁜 글씨 쓰기'라는 새로운 취미와 즐거움을

발견해봐요.

선 긋기나 연필 잡는 법, 바른 자세는 기본 중의 기본입니다.

그렇긴 하지만 글씨의 공식을 하나씩 알아가면서 글씨가 반듯하고

예쁘게 바뀌는 과정을 경험할 수 있다면 더 좋겠죠?

글씨 쓰기도 재미있고 즐거워야

잘할 수 있어요!

선생님은 뭐든 재미있고 즐거워야 잘할 수 있다고 생각해요.

그런데 글씨를 따라 쓰려면 많은 시간과 노력이 필요해요.

다들 따라 쓰기를 해본 기억이 있을 거예요.

글자를 익히기 위해서는 따라 쓰는 과정이 꼭 필요해요.

그런데 따라 쓰기를 하면 어땠나요?

처음에는 열심히 따라 썼지만 얼마 안 가서 손이 아팠을 거예요.

글씨를 어떻게 써야 반듯하고 예쁘게 쓸 수 있는지 그 공식을 모른 채 반복해서 썼기 때문이에요.

원리를 모르면 '밑 빠진 독에 물 붓기'처럼 많은 시간을 들여도 아주 조금 나아질 뿐이에요.

그리고 그렇게 해서는 재미가 없어요.

'작심삼일'이라는 말 들어보았죠?

글씨가 예뻐지는 과정을 느낄 수 있어야 재미가 생기고, 그럼 뭐든 열심히 쓰고 싶어져요.

필기의 힘! I♥필기
쓰다 보면 모르던 부분도 이해하게 돼요!

글씨 공식을 이해하고 연습하면, 하루 만에 글씨가 달라지는 것을 느낄 수 있을 거예요.

그러면 글씨 쓰는 것이 정말 즐거워져서 뭐든지 쓰고 싶어질 거예요.

학교에서 필기도 잘하게 되면서 모르던 것도 이해하게 될 거예요.

글씨 잘 쓰기, 어렵지 않아요.

글씨 쓰기가 이렇게 즐거운 일이었다니!

자, 지금부터 선생님과 함께 시작해봐요!

목차

프롤로그

창용쌤이 만든 5가지 글씨 공식으로
누구나 하루 만에 글씨 교정!   004

1부. 창용쌤 손글씨 5가지 공식 연습

공식 01 '가나다'의 시작은 언제나 출발화살표!

- **공통 공식** 네모칸 안에 쏙 들어온다는 느낌으로!   018
- **규칙** '출발화살표'를 찾아라!   018
  ㄱ~ㄷ 쓰기
- **연습** 모음 'ㅏ' 들어간 글자 쓰기   021
  가~하
- **연습** 단어 쓰기 연습   034

010

| 공식 02 | **가로형 받침글자의 시작은 깃털화살표!** |

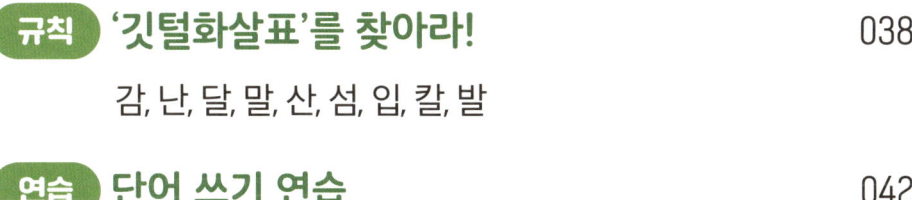

규칙	'깃털화살표'를 찾아라!	038

감, 난, 달, 말, 산, 섬, 입, 칼, 발

연습	단어 쓰기 연습	042

| 공식 03 | **세로형 글자의 시작은 출발화살표!** |

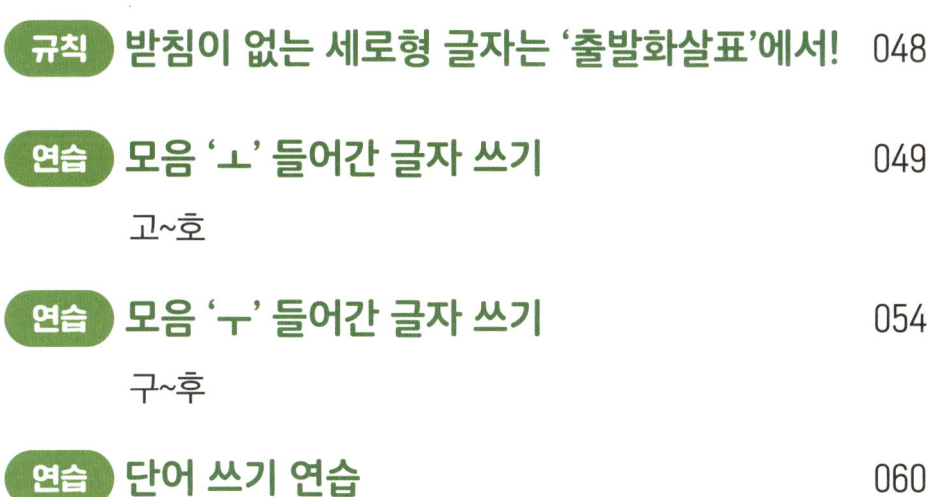

규칙	받침이 없는 세로형 글자는 '출발화살표'에서!	048

연습	모음 'ㅗ' 들어간 글자 쓰기	049

고~호

연습	모음 'ㅜ' 들어간 글자 쓰기	054

구~후

연습	단어 쓰기 연습	060

공식 04 세로형 받침글자는 모음으로 중심 잡기!

| 규칙 | 받침이 있는 세로형 글자는 '출발화살표'에서! | 066 |

| 연습 | 모음 'ㅗ' 들어간 받침글자 쓰기 | 067 |
공, 논, 종, 못, 돈, 콩, 솜, 봄, 총

| 연습 | 모음 'ㅡ' 들어간 받침글자 쓰기 | 071 |
는, 틈, 승, 근, 음, 흠,

| 연습 | 모음 'ㅜ' 들어간 받침글자 쓰기 | 073 |
문, 붐, 둥, 푹, 숨, 국

| 연습 | 단어 쓰기 연습 | 075 |

공식 05 나머지 글자는 네모칸에 쏙~!

- **규칙** 나머지 글자들은 공식 1~4를 바탕으로 네모칸에 맞춰 쓰기 — 080

- **연습** 모음 'ㅐ' 들어간 글자 쓰기 — 080
  개, 내, 대, 래

- **연습** 모음 'ㅔ' 들어간 글자 쓰기 — 082
  메, 베, 세, 에, 제, 체

- **연습** 모음 'ㅑ' 들어간 글자 쓰기 — 084
  캬, 탸, 퍄, 햐

- **연습** 모음 'ㅕ' 들어간 글자 쓰기 — 086
  겨, 녀, 뎌, 려

- **연습** 모음 'ㅚ' 들어간 글자 쓰기 — 087
  뫼, 뵈, 뢰, 쇠

- **연습** 모음 'ㅙ' 들어간 글자 쓰기 — 089
  왜, 좨, 쵀

연습 모음 'ㅢ' 들어간 글자 쓰기   091
 ㅋ, ㅌ, ㅍ

연습 모음 'ㅟ' 들어간 글자 쓰기   092
 귀, 뉘, 뒤, 뤼, 뮈

연습 쌍자음 가로형 글자 쓰기   094
 까, 따, 빠, 싸, 짜

연습 쌍자음 세로형 글자 쓰기   096
 꼬, 또, 뽀, 쏘, 쪼

연습 겹받침 글자 쓰기   098
 없, 있, 않

2부. 창용쌤 손글씨 연습 노트

여러 가지 낱말 쓰기   102
좋은 글귀 줄노트 쓰기   128

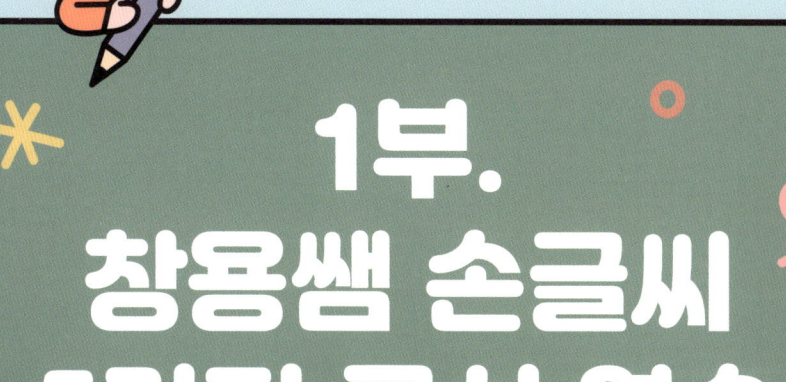

1부.
창용쌤 손글씨
5가지 공식 연습

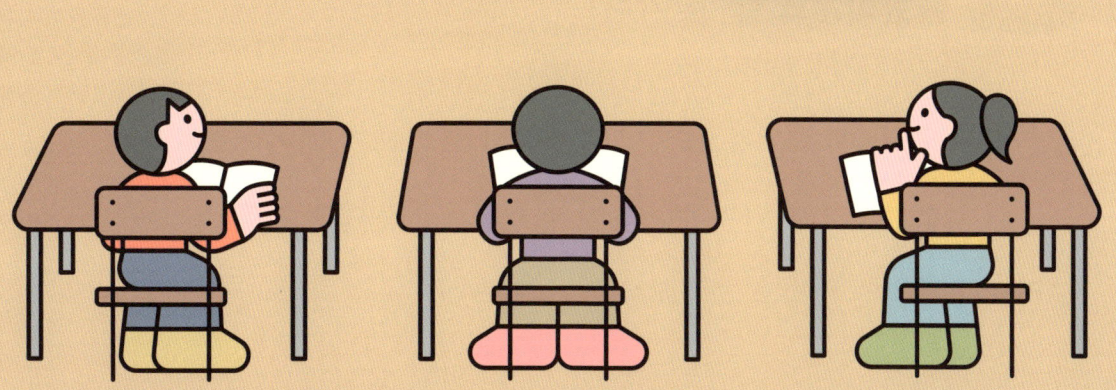

공식 01 '가나다'의 시작은 출발화살표!

공통 공식 네모칸 안에 쏙 들어온다는 느낌으로!

본격적으로 이제 글씨를 써볼까요?
공식 5가지를 소개하기 전에 하나의 공통 공식이 있어요.
네모칸 안에 글자가 가득 들어온다는 느낌으로 쓰는 것!
예를 들어, 강아지를 써볼게요.

강 아 지

글자마다 공식은 조금씩 다르지만, 이렇게 큰 사각형 안에 쏙 들어 온다는 느낌으로 써야 합니다.

규칙 '출발화살표'를 찾아라!

예쁜 글씨를 쓸 때 가장 중요한 것은 '일정한 크기와 간격'이에요.
그런데 일정한 크기와 간격을 지켜서 글씨를 쓰기란 쉽지가 않죠.
그리고 구체적인 방법도 모르고요.

그래서 선생님이 생각해낸 정말 간단한 방법이 [출발화살표]입니다.

글자를 적을 때 항상 '출발화살표'부터 시작하는 겁니다.

출발화살표

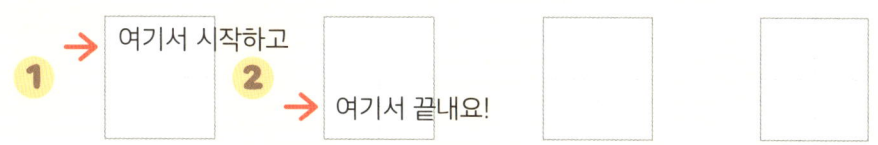

글자의 시작 지점이 일정해지면 크기와 간격을 쉽게 맞출 수 있어요.

작은 네모칸의 딱 중간 지점부터 시작하는 거죠. ①

끝나는 부분도 똑같이 ② 여기서 끝내주세요.

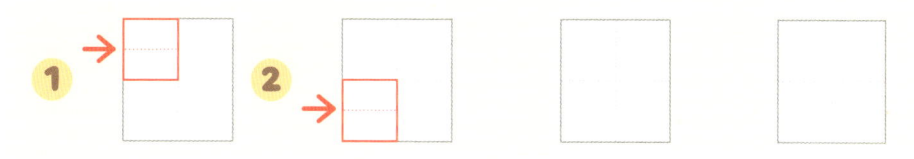

정말 간단하죠? ㄱ, ㄴ, ㄷ을 적으면서 연습해볼게요.

ㄱ 쓰기 연습

출발화살표부터 시작합니다.

직선으로 오른쪽 중간까지 긋고 ①

살짝 곡선을 그리면서 마무리해주세요. ②

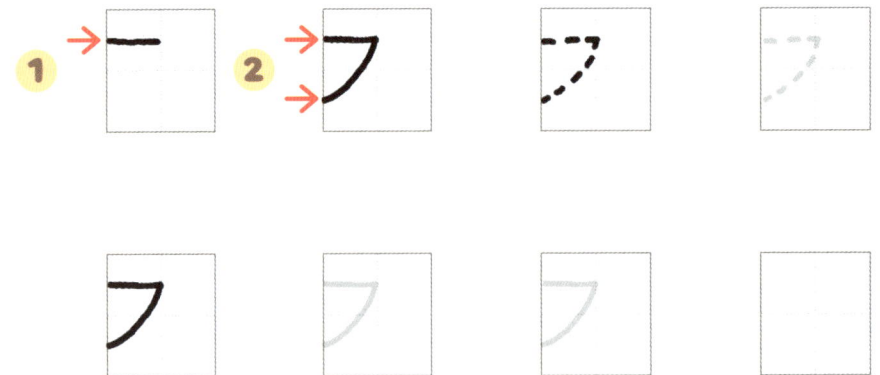

ㄴ 쓰기연습

마찬가지로 항상 출발화살표부터 시작합니다.

밑으로 쭉 그어주세요. ①

ㄴ은 곡선이 없어요.

오른쪽으로 쭉 그어주세요. ②

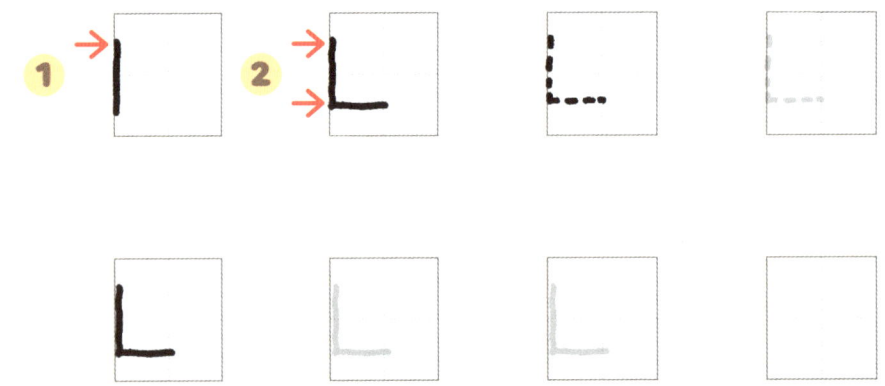

ㄷ 쓰기연습

ㄷ은 ㄴ에서 위에 선 하나만 추가됐다고 생각하면 됩니다.

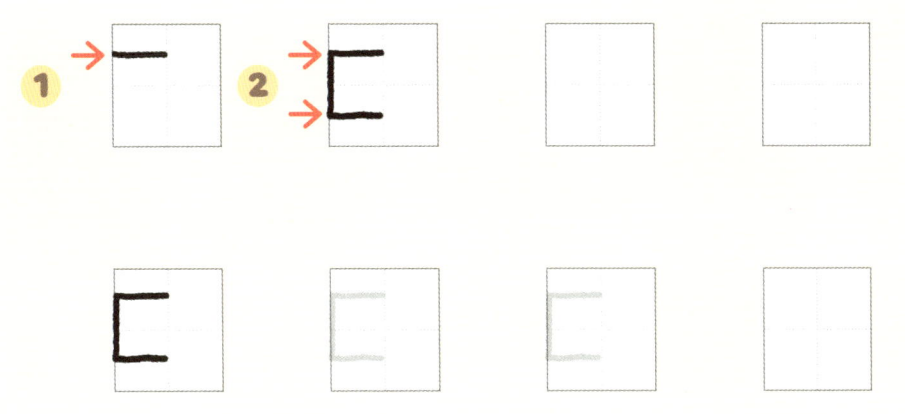

연습 모음 'ㅏ' 들어간 글자 쓰기

ㅏ 쓰기연습

모음 ㅏ도 출발화살표 방향으로 밑으로 쭉 내려줘야 해요. ❶

근데 아주 살짝만 직각으로 꺾어서 내려주는 거죠. ❷

살짝 꺾어서 출발화살표 방향으로 쭉 내려줍니다. ❸

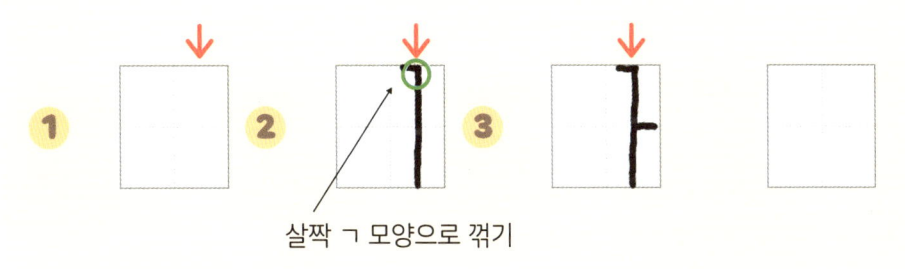

살짝 ㄱ 모양으로 꺾기

자, 출발화살표 규칙을 다 배웠으니 이제 글자를 쓰면서 연습해볼게요.

가 쓰기 연습

먼저 자음 ㄱ을 그리고 ① 모음 ㅏ를 그어주세요. ②
네모칸 안에 꽉 차는 느낌이죠?

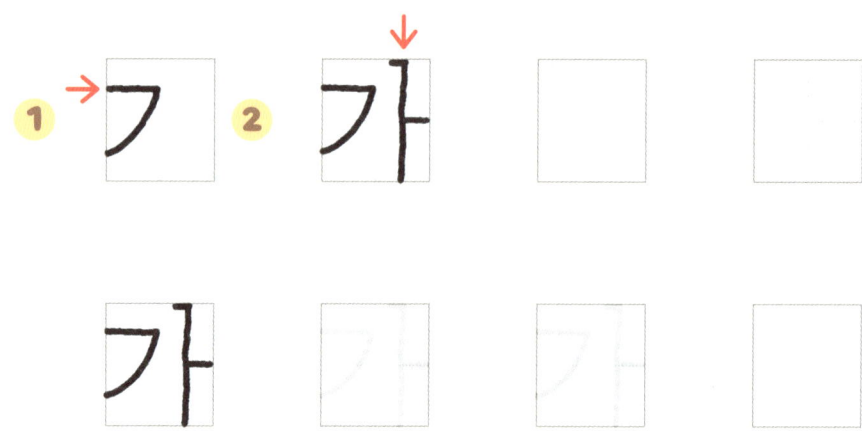

나 쓰기 연습

자음 ㄴ을 그리고 ① 모음 ㅏ를 그려주세요. ②

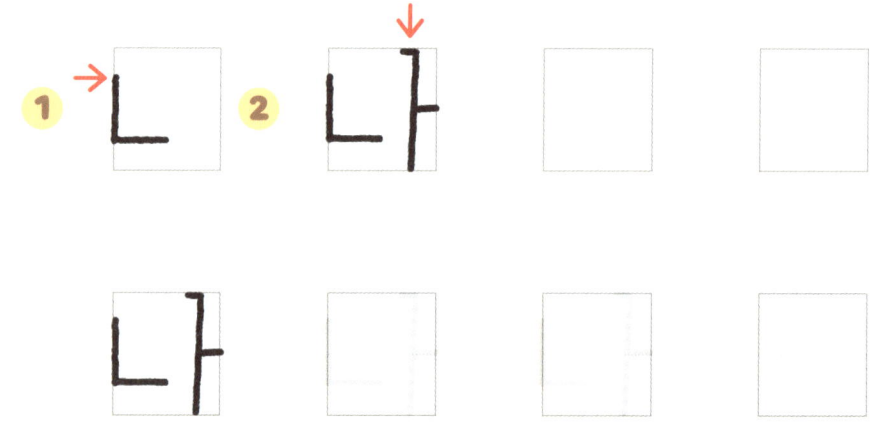

다 쓰기 연습

자음 ㄷ을 그리고 ① 모음 ㅏ를 그려주세요. ②

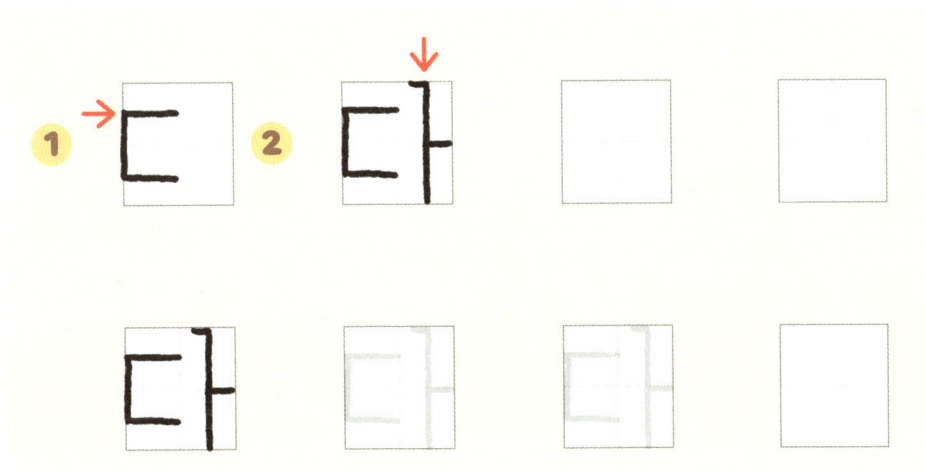

라 쓰기 연습

자음 ㄹ은 세 번의 획으로 그려주세요. ① ~ ③

모음 ㅏ를 그려주세요. ④

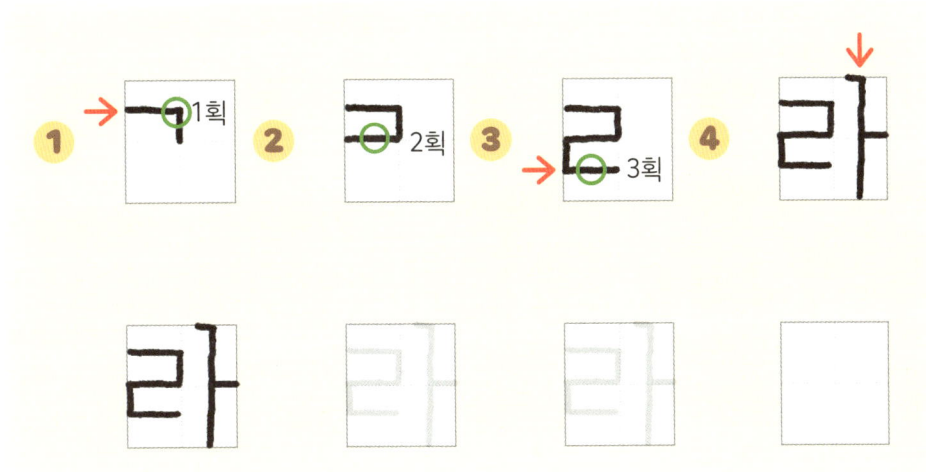

ㄹ의 간격이 딱 맞아 떨어지죠? 정말 쉽습니다.

마 쓰기 연습

ㅁ도 출발화살표에서 출발하는 것 잊지 마세요. 1

그냥 정직한 네모를 그린다고 생각하면 되겠죠?

모음 ㅏ를 그려주세요. 2

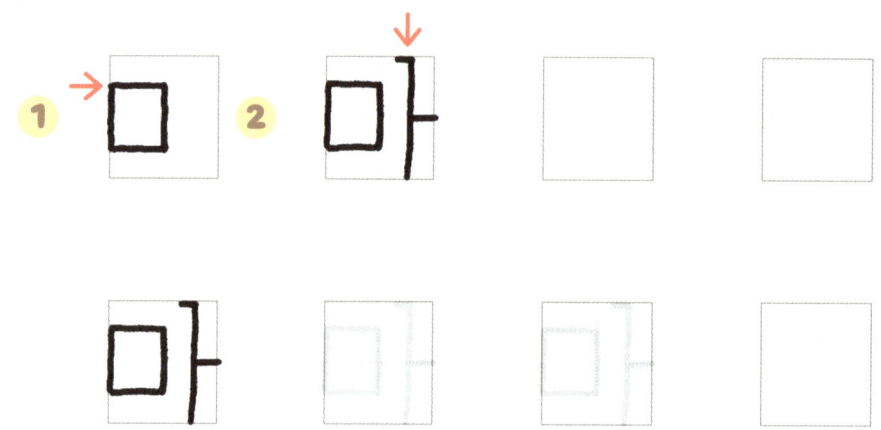

바 쓰기 연습

ㅂ도 출발화살표에서 시작해서 간격만 똑같이 맞춰서 그려주세요. 1

모음 ㅏ를 그려주세요. 2

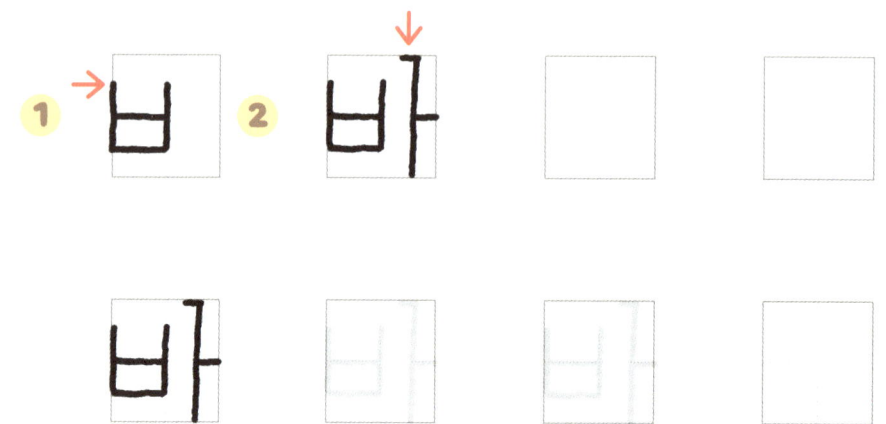

사 쓰기연습

ㅅ은 모든 자음 중에서 유일하게 칸을 살짝 튀어나가요.

독특한 만큼 계속 쓰고 싶은 묘한 매력의 글자입니다.

네모칸 중앙에서 시작해서 비스듬히 살짝 그려주고 ①

곡선을 그리면서 왼쪽 선을 넘어 살짝만 고개를 빼꼼히 내밀어주세요. ②

나머지는 직선으로 그어서 고개를 빼꼼히 내밀어주세요. ③

이제 모음 ㅏ를 그려주세요. ④

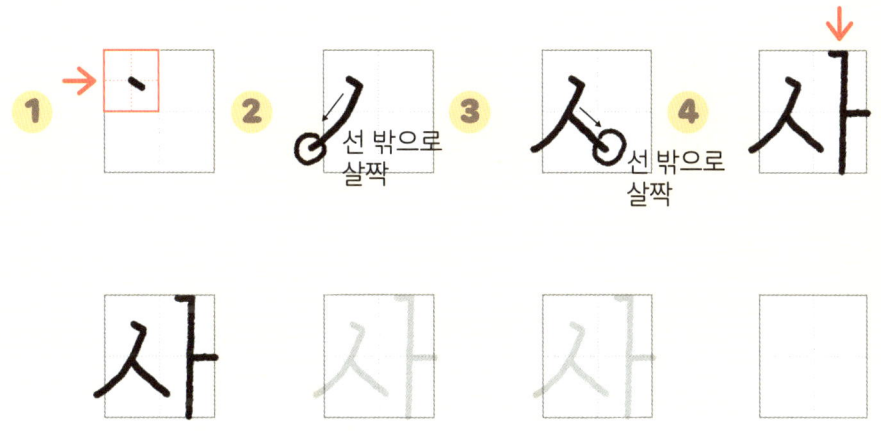

ㅅ은 처음 연습할 때는 어려워도 제일 재밌는 자음입니다.

여기까지 써봤는데 글씨의 공식이 느껴지나요?

출발화살표가 있으니 정말 쉽죠?

아 쓰기 연습

ㅇ도 출발화살표 선에 맞춰서 정중앙에서 시작해서 1

완전한 동그라미를 그려주면 돼요. 2

모음 ㅏ를 그려주세요. 3

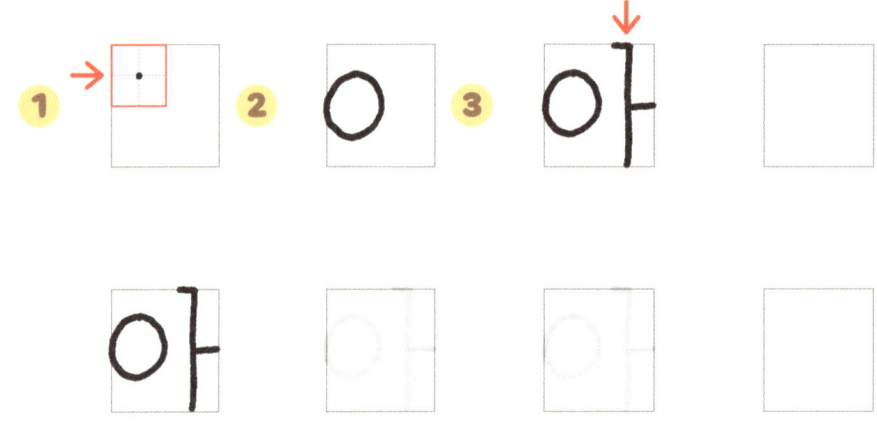

자 쓰기 연습

ㅈ은 곡선이 없다는 점만 주의하면 돼요. 1

모음 ㅏ를 그려주세요. 2

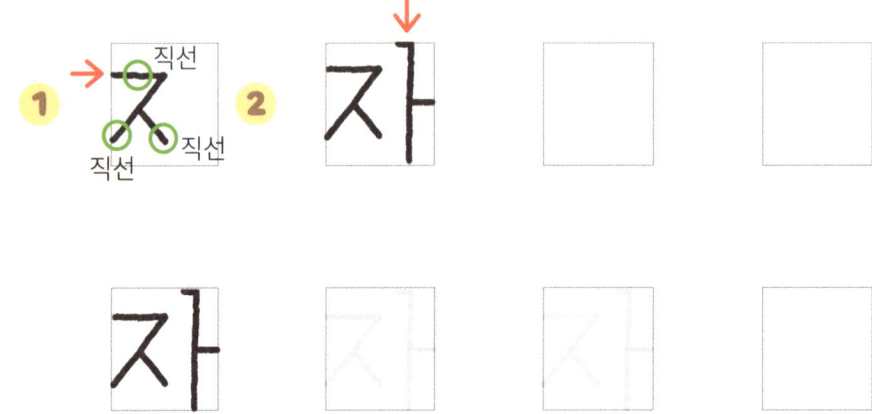

차 쓰기 연습

ㅊ은 ㅈ에서 작은 막대기 하나를 더 추가하면 돼요.

먼저 막대기를 출발화살표 선에서 작게 그려주세요. ①

바로 밑에 ㅈ을 씁니다. ②

ㅈ에 막대기 하나가 얹어졌기 때문에 살짝 크기가 줄어드는 느낌이죠?

모음 ㅏ를 그려주세요. ③

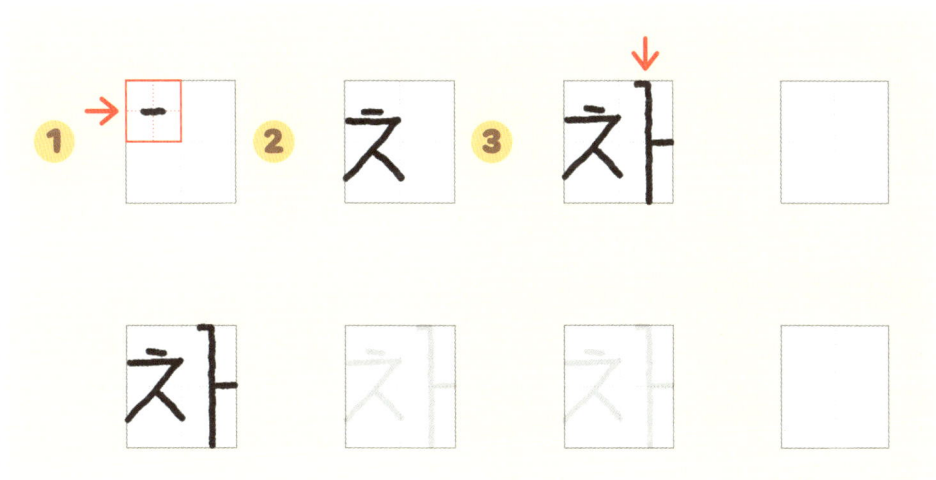

출발화살표부터 시작! 정말 간단하죠?

카 쓰기 연습

ㅋ은 ㄱ에서 가운데 선 하나만 추가하면 됩니다. ①

모음 ㅏ를 그려주세요. ②

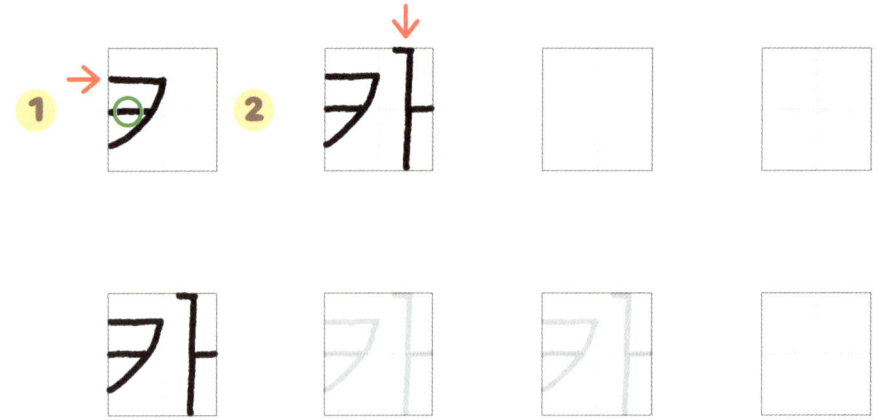

🟫 타 쓰기 연습

ㅌ은 ㄷ에서 가운데 선 하나만 추가하면 돼요. 1️⃣

모음 ㅏ를 그려주세요. 2️⃣

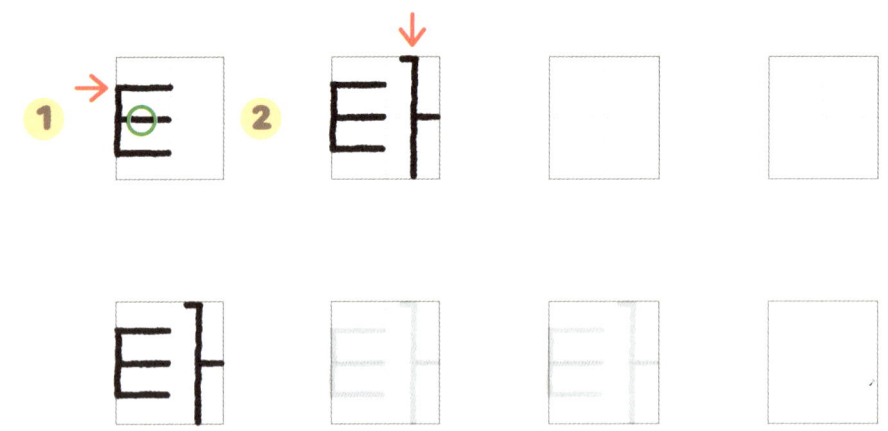

🟫 파 쓰기 연습

ㅍ은 간격만 동일하게 맞춰서 그려주면 돼요. 1️⃣

모음 ㅏ를 그려주세요. 2️⃣

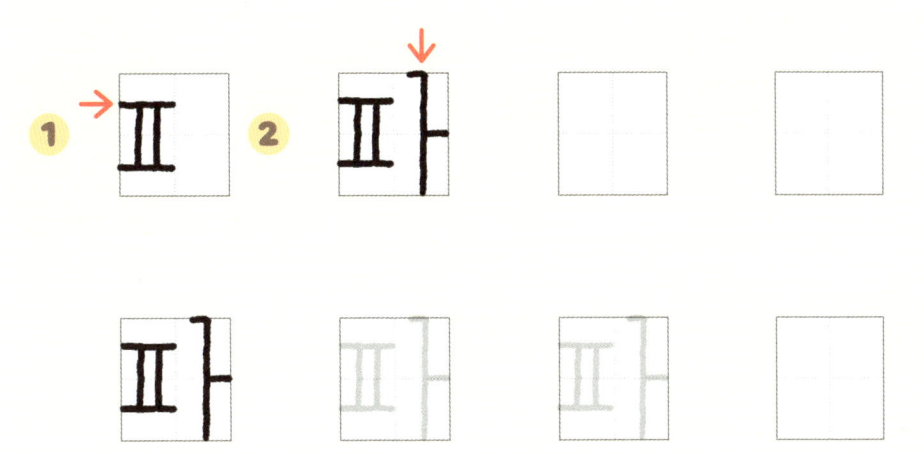

하 쓰기연습

ㅎ은 출발화살표 선에 맞춰서 막대기 하나를 얹고 ❶
밑에 길쭉한 막대기 하나를 더 추가합니다. ❷
ㅇ을 그릴 때는 좌우에 맞닿게 동그라미를 그려주세요. ❸
모음 ㅏ를 그려주세요. ❹

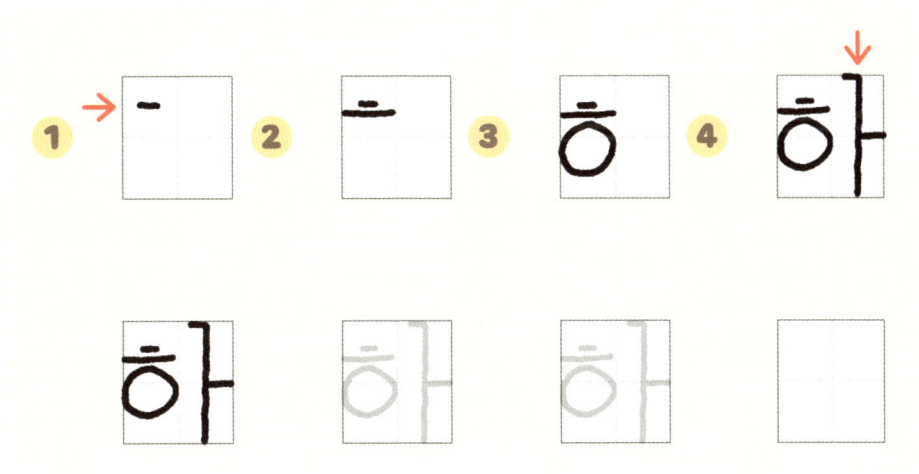

자, 이제 여러분은 ㄱ부터 ㅎ까지 자음과 모음 ㅏ를 함께 써봤어요.

출발화살표 공식을 지키며 쓰니, 글자의 비율이 자연스럽게 맞춰지는 게 느껴지죠?

연습 모음 'ㅓ' 들어간 글자 쓰기

이제 똑같은 원리로 거, 너, 더부터 허까지 써볼게요.

거 쓰기 연습

먼저 ㄱ을 써주세요. ①

모음 ㅓ를 쓸 때는 큰 사각형의 중심에서 출발하면 돼요. ②

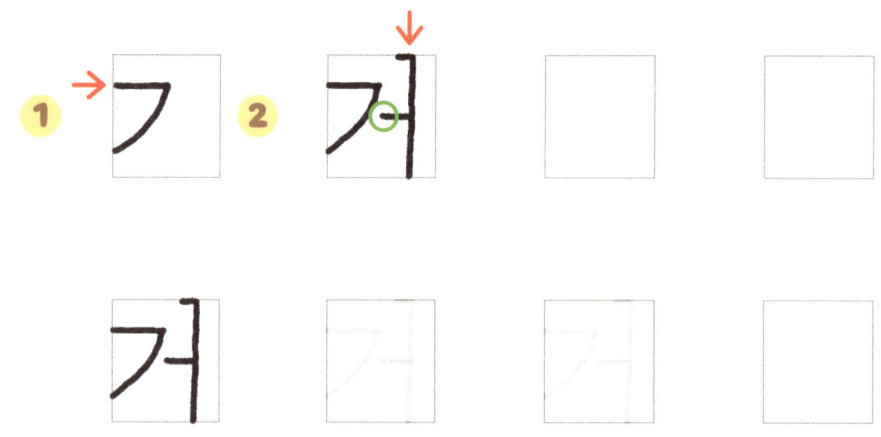

똑같이 계속 써볼게요.

너 쓰기 연습

더 쓰기 연습

러 쓰기 연습

모음 ㅓ를 쓸 때 ㄹ과 붙지 않도록 해주세요.

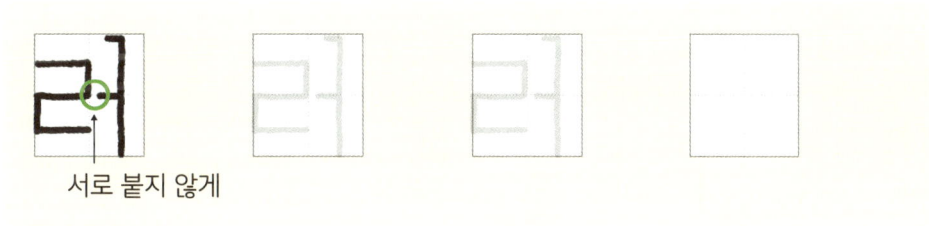

서로 붙지 않게

머 쓰기 연습

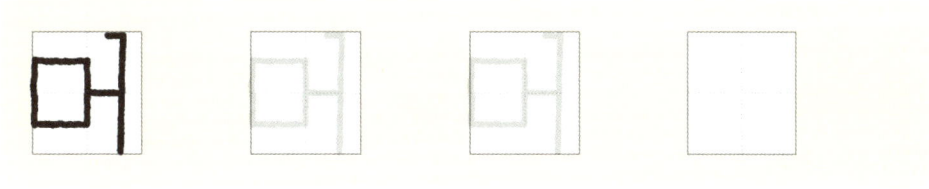

버 쓰기 연습

서 쓰기 연습

어 쓰기 연습

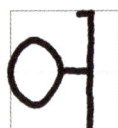   

저 쓰기 연습

처 쓰기 연습

  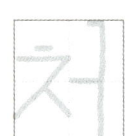 

커 쓰기 연습

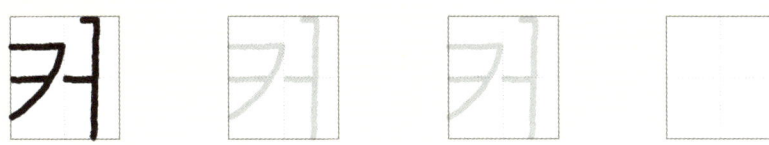

터 쓰기 연습

모음 ㅓ를 쓸 때 ㅌ과 붙지 않도록 해주세요.

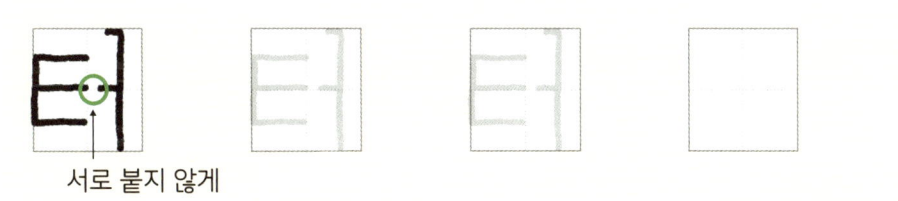

서로 붙지 않게

퍼 쓰기 연습

허 쓰기 연습

ㅎ에서 동그라미가 살짝 아래로 그려지는데 모음 ㅓ의 위치까지 바뀌면 안 됩니다. ㅓ의 출발은 언제나 가운데입니다.

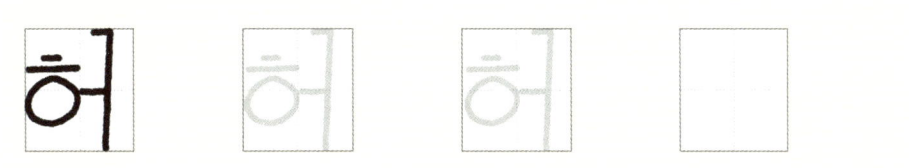

이제 연습 글자를 써보면서 글씨 공식 1단계를 마무리하겠습니다.

연습 단어 쓰기 연습

바다

가사

자라

허리

사자

치마

공식 02 가로형 받침글자의 시작은 깃털화살표!

규칙 '깃털화살표'를 찾아라!

공식 1에서 '가나다'는 '출발화살표'에서 시작했죠?

'가나다'와 같은 글자를 '가로형'이라고 할게요.

'가로형+받침이 있는 글자'는 [깃털화살표]에서 출발합니다.

깃털화살표의 위치는 아래와 같습니다.

깃털화살표

모눈 선에서 깃털만큼 살짝 내려왔다고 생각하면 쉽겠죠?

쓰기 연습

ㄱ 은 깃털화살표부터 시작해서 중간까지 내려주세요. ①

모음 ㅏ 는 출발화살표 밑으로 꺾어서 중간까지 쭉 내려줍니다. ②

ㅁ 은 깃털화살표에서 중간부터 시작해서 중간까지 그려주세요. ③

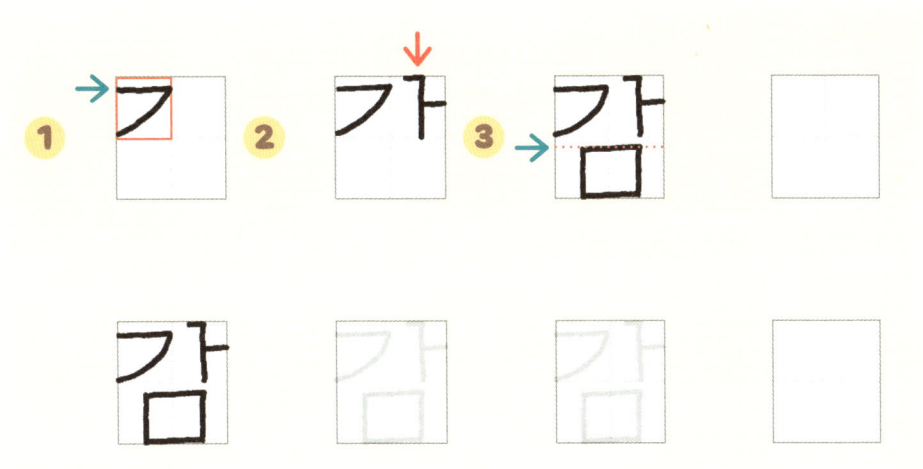

두 번째 글씨 공식은 '깃털화살표 공식'이고, 받침글자가 있는 가로형 글자를 쓸 때는 깃털화살표에서 출발하면 됩니다.

난 쓰기 연습

깃털화살표부터 출발해서 중간까지 그려주세요. 1

모음 ㅏ는 출발화살표 선 밑으로 그려주세요. 2

받침 ㄴ도 깃털화살표 선에서 시작합니다. 3

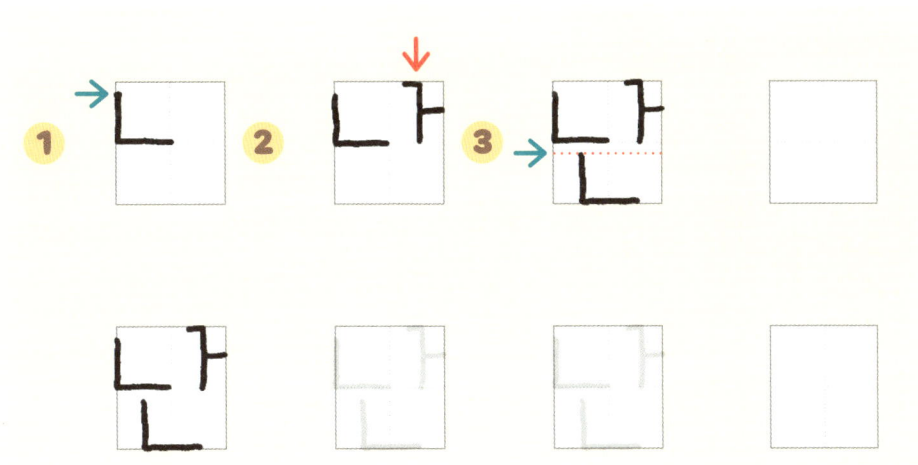

달 쓰기 연습

깃털화살표부터 출발해서 ㄷ을 써줍니다. ①

모음 ㅏ도 출발화살표 밑으로 그려줍니다. ②

받침 ㄹ도 깃털화살표 선에서 시작합니다. ③

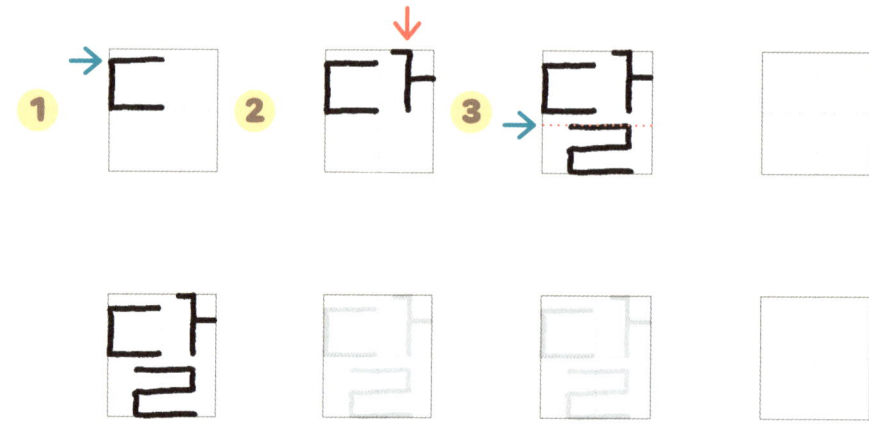

말 쓰기 연습

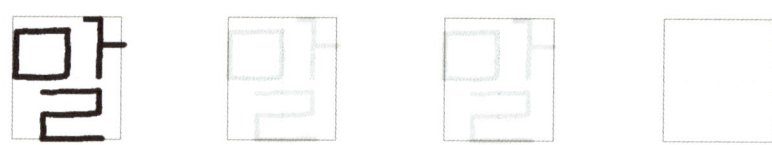

산 쓰기 연습

섬 쓰기 연습

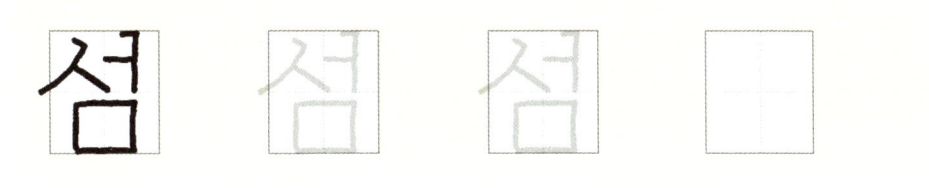

입 쓰기 연습

칼 쓰기 연습

발 쓰기 연습

이제 연습 단어를 써보면서 글씨 공식 2단계를 마무리하겠습니다.

연습 단어 쓰기 연습

시 장

아 침

마 당

사 탕

철 판

기 억

달빛

얼핏

갈비

설탕

참치

길섶

공식 03 세로형 글자의 시작은 출발화살표!

규칙 받침이 없는 세로형 글자는 '출발화살표'에서!

'가나다'와 같은 글자는 '가로형', '고노도'와 같은 글자는 '세로형'이라고 할게요.

가 나 다
가로형 글자

고 노 도
세로형 글자

가로형 글자는 공식 1 '출발화살표 공식'만 기억하면 됩니다.

그런데 '가'와 '고'를 비교해보면, ㄱ의 모양이 약간 달라요. 같은 ㄱ이지만 모양이 달라서 '고'를 쓰는 방법이 따로 있어요.

'고노도' 세로형 글자도 출발화살표부터 시작해요.

연습 모음 'ㅗ' 들어간 글자 쓰기

고 쓰기 연습

ㄱ은 출발화살표에서 시작해주세요. ①

그리고 높이는 깃털화살표만큼 내려온 곳에서 쭉 그어주세요. ②

그리고 밑으로 쭉 그어주세요. ③

모음 ㅗ는 중앙에서 시작해서 깃털화살표 높이까지만 그려줍니다. ④ 깃털화살표 높이에서 시작했으니, 마무리도 그 높이만큼 맞춰주면 됩니다.

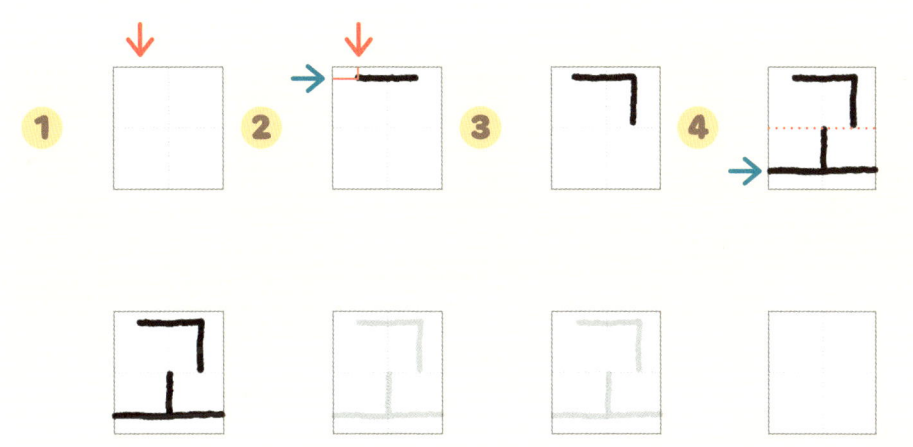

글자를 쓰면서 연습해볼게요.

노 쓰기연습

ㄴ도 출발화살표에서 시작합니다.

높이는 깃털화살표만큼 잊지 마세요! 1

모음 ㅗ도 이어서 그려줍니다. 2

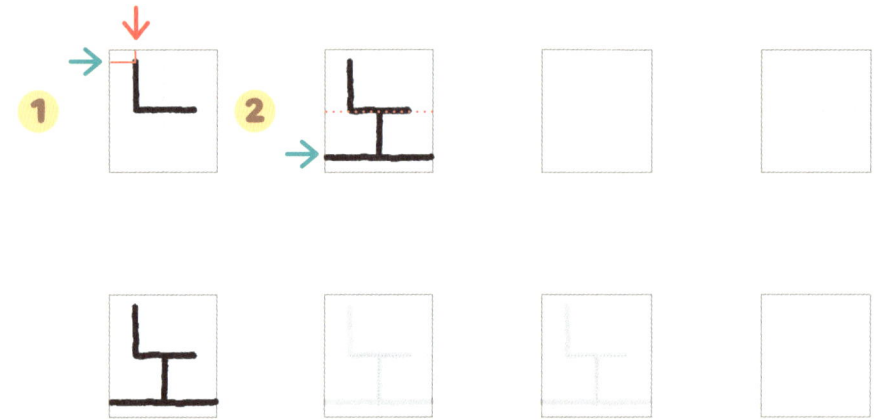

정말 쉽죠? 이처럼 글씨에도 공식이 있습니다.

공식만 알면 누구나 예쁜 글씨를 쓸 수 있어요.

도 쓰기연습

ㄷ도 출발화살표에서 시작합니다.

높이는 깃털화살표 잊지 마세요! 1

모음 ㅗ도 그려줍니다. 2

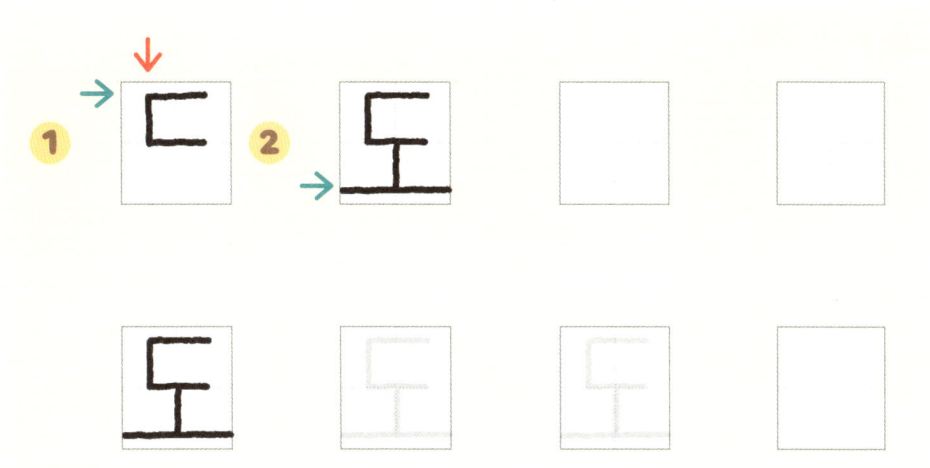

로 쓰기연습

ㄹ의 간격을 똑같이 맞춰서 쓰면 됩니다.

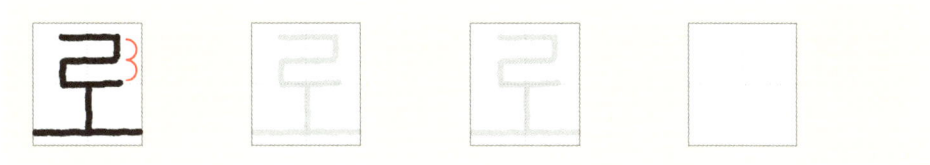

모 쓰기연습

ㅁ은 가로의 길이가 살짝 더 길어지겠죠?

보 쓰기연습

소 쓰기연습

ㅅ은 천천히 따라 써볼게요.

먼저 깃털화살표 높이에서 시작해주고, 살짝 곡선을 그리면서 중간을 살짝 넘어갑니다. 1

나머지 선은 직선으로 그려주세요. 2

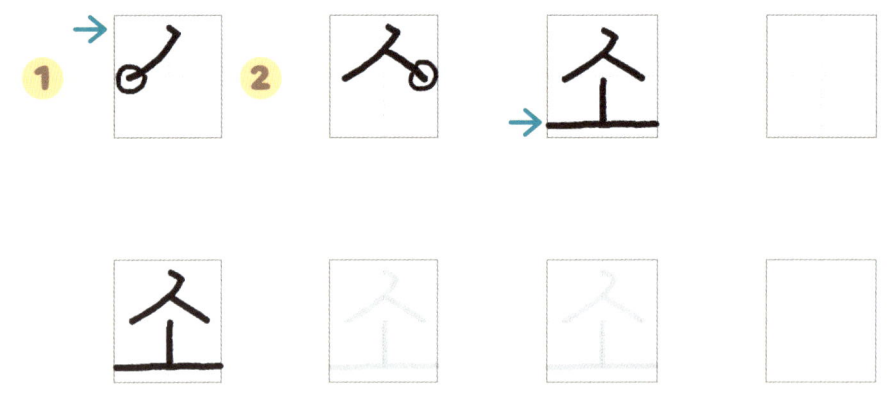

오 쓰기연습

아주 살짝 눌린 동그라미를 그려주세요.

조 쓰기 연습

ㅈ은 직선으로만 그려주세요.

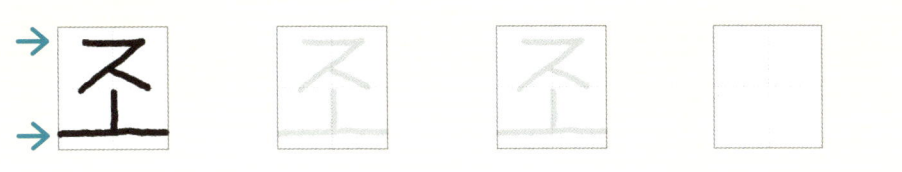

초 쓰기 연습

ㅊ의 시작도 깃털화살표 높이에서 시작합니다.

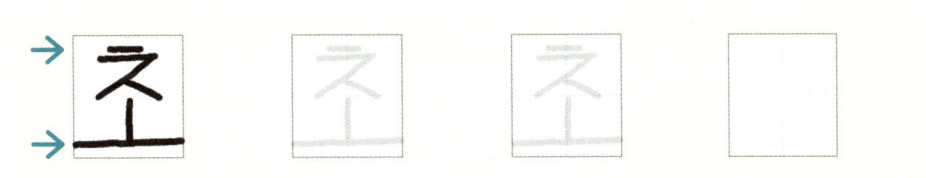

코 쓰기 연습

ㅋ은 ㄱ에 가운데 선을 하나만 쏙 추가해주세요!

토 쓰기 연습

ㅌ도 ㄷ에 가운데 선을 하나만 추가해주세요.

포 쓰기 연습

호 쓰기 연습

ㅎ에서 동그라미는 아주 많이 눌린 동그라미로 그려주세요.
동그라미가 럭비공 같은 느낌이죠?

이제 모음 ㅜ와 함께 '구누두'를 써볼게요.

연습 모음 'ㅜ' 들어간 글자 쓰기

'구누두'는 자음의 위치만 신경 쓰면 돼요.
출발화살표부터 시작해서 아래 깃털화살표 선까지 내려오면 됩니다.

구 쓰기 연습

'고'보다는 '구'가 글자 모양이 좀 더 길쭉한 느낌이죠?

그래서 위아래로 가득 채워줘야 해요.

ㄱ은 출발화살표에서 시작합니다. ①

그리고 아래 깃털화살표 선까지 내려주세요. ②

ㅜ는 아주 간단합니다. ③

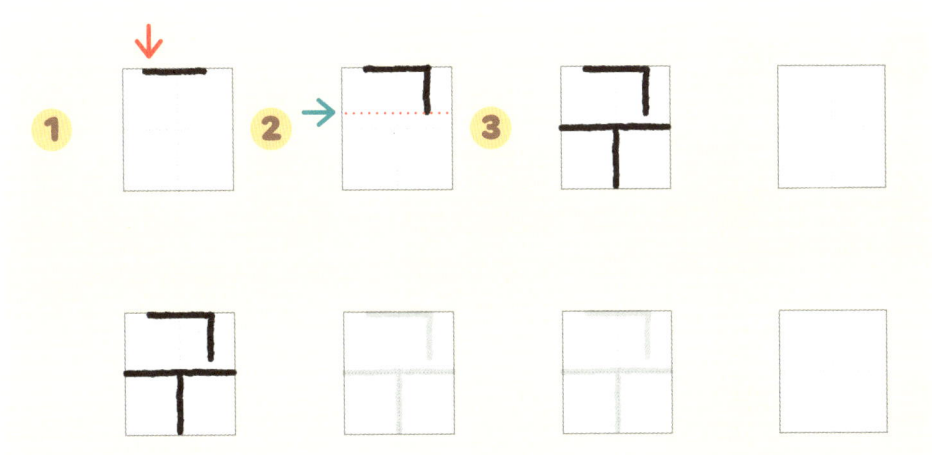

🔤 쓰기연습

ㄴ도 출발화살표에서 시작합니다. ①

아래 깃털화살표 선까지 내려주세요. ②

그리고 ㅜ를 그려주세요. ③

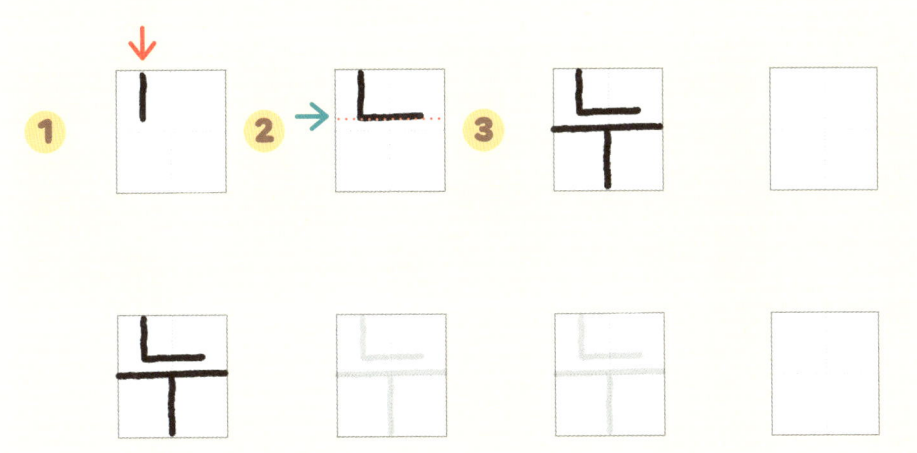

두 쓰기 연습

루 쓰기 연습

무 쓰기 연습

부 쓰기 연습

 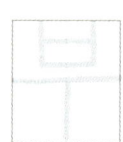  

수 쓰기연습
ㅅ은 중간을 살짝씩 넘어갑니다.

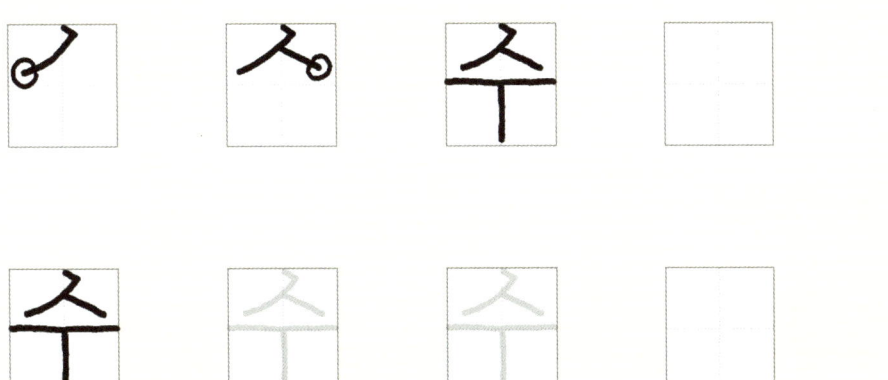

우 쓰기연습
ㅇ은 살짝 눌린 동그라미를 그려주세요.

주 쓰기연습
ㅈ은 언제나 직선으로만 그립니다.

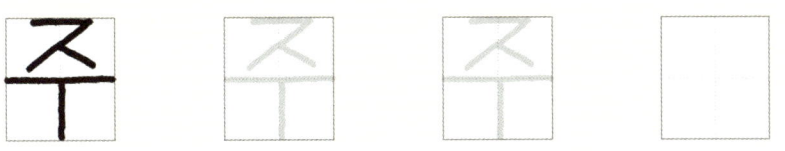

추 쓰기 연습

쿠 쓰기 연습

투 쓰기 연습

푸 쓰기 연습

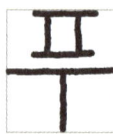   

후 쓰기연습

ㅎ에서 동그라미는 아주 많이 눌러줘야합니다.

이제 연습 글자를 써보면서 글씨 공식 3단계를 마무리하겠습니다.

연습 단어 쓰기 연습

고구마

부모

누리

미 소

우 리

소 리

주 말

우 주

오 후

공식 04 세로형 받침글자는 모음으로 중심 잡기!

규칙 받침이 있는 세로형 글자는 '출발화살표'에서!

공식 2에서 '강', '달', '산'처럼 '가로형+받침 있는 글자'는 '깃털화살표'에서 출발했어요.

가로형+받침 있는 글자 : 깃털화살표에서 시작

반면 '공', '눈', '물'처럼 '세로형+받침 있는 글자'는 '출발화살표'에서 시작하면 됩니다.

세로형+받침 있는 글자 : 출발화살표에서 시작

그리고 모음은 가운데 선에 맞춰 써주세요.

연습 모음 'ㅗ' 들어간 받침글자 쓰기

공 쓰기연습

ㄱ은 출발화살표에서 시작합니다. ①

길이는 출발화살표 길이만큼 내려주세요. ②

세로형 받침 글자는 모음이 중심에 와야 하니, 가운데를 잘 맞춰주세요. ③

받침 ㅇ은 출발화살표에서 시작해 살짝 눌린 동그라미를 그리면 되겠죠? ④

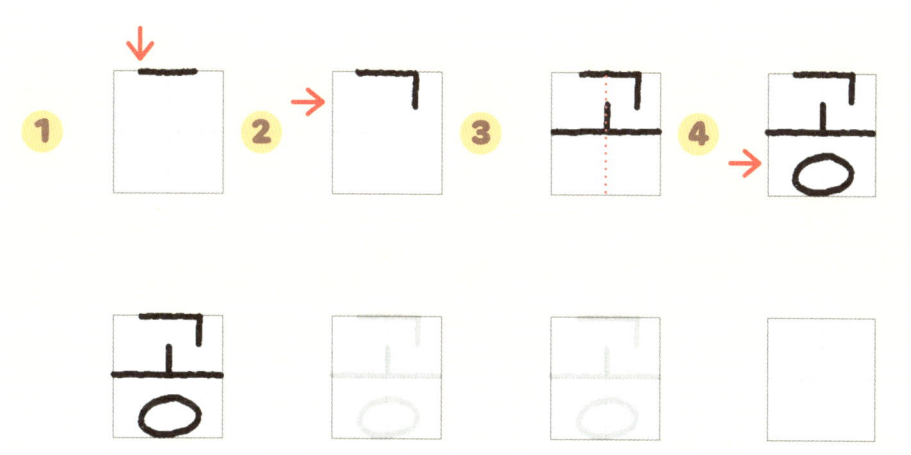

같은 원리로 '논'을 써보겠습니다.

논 쓰기연습

출발화살표에서 시작해 ㄴ을 그려주세요. ①

모음은 항상 중심에 맞춰주고, ②

받침 ㄴ도 출발화살표에서 시작해 마무리해주세요. ③

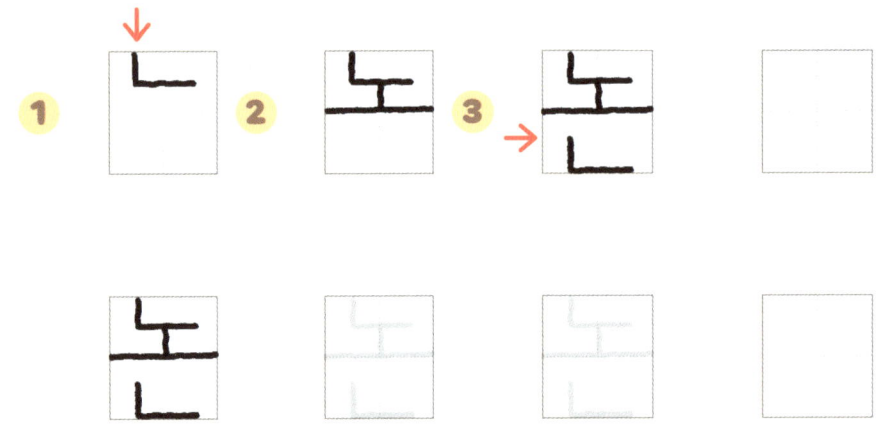

종 쓰기연습

출발화살표에서 시작해 ㅈ을 써봅시다. ①

네모칸에 맞춰서 ㅈ을 쓰고 나니 조금 좁은 느낌이 드네요.

자, 이번에는 ㅈ을 살짝 크게 써볼게요. ②

이렇게 써도 괜찮습니다.

중요한 건 '모음'입니다.

중심을 잘 잡아주세요. ③

받침 ㅇ도 위아래로 늘려서 살짝 크게 써도 괜찮습니다.

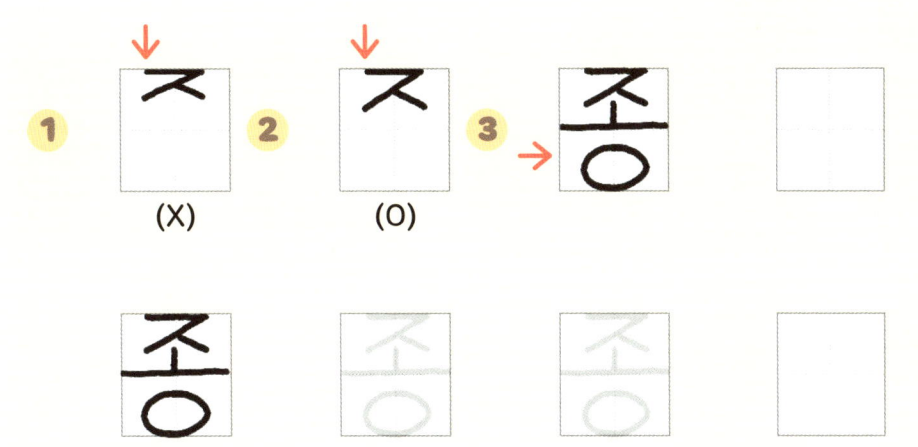

복잡하게 생각하면 안 돼요.

공식 4의 핵심은 언제나 모음!

모음이 중심을 잡는다!

이것만 기억하세요.

못 쓰기 연습

돈 쓰기 연습

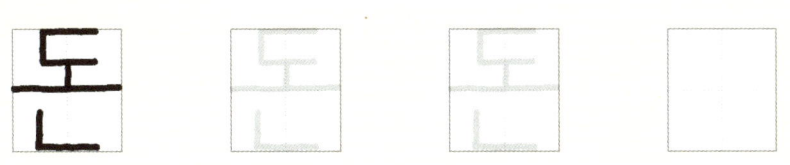

콩 쓰기 연습

솜 쓰기 연습

봄 쓰기 연습

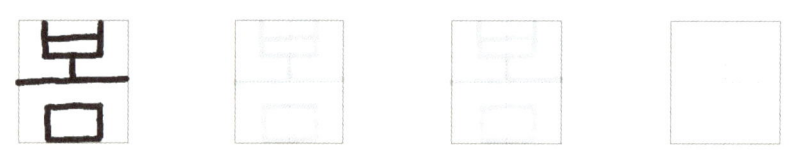

총 쓰기 연습

이제 모음 '—'로 이루어진 '세로형+받침 있는 글자'를 써볼게요. 공식은 같습니다.

연습 모음 'ㅡ' 들어간 받침글자 쓰기

눈 쓰기연습

틈 쓰기연습

승 쓰기연습

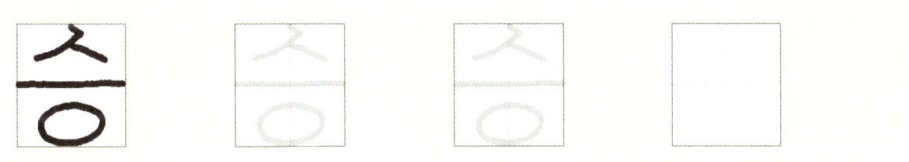

'세로형+받침 있는 글자'에서는 모음이 중심을 잡는 것이 가장 중요합니다!

자음의 크기는 필요에 따라 조금씩 키워도 괜찮습니다.

근 쓰기연습

음 쓰기연습

흠 쓰기연습

이제 모음 'ㅜ'로 이루어진 세로형+받침 있는 글자를 써볼게요. 공식은 같습니다.

연습 모음 'ㅜ' 들어간 받침글자 쓰기

문 쓰기 연습

붐 쓰기 연습

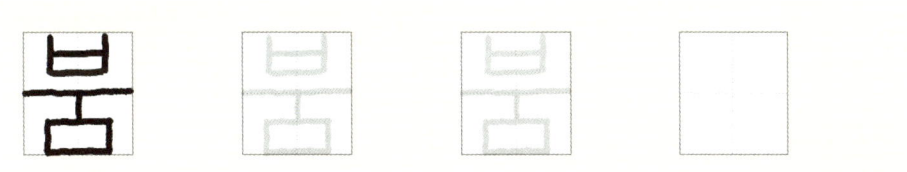

둥 쓰기 연습

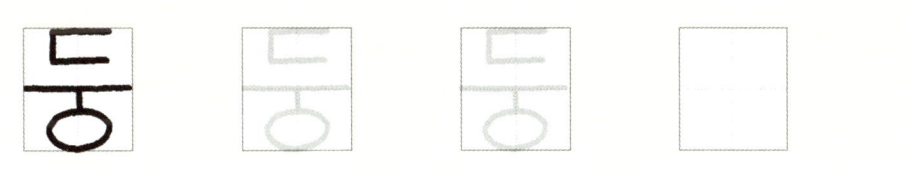

푹 쓰기 연습

이제 연습 글자를 써보면서 글씨 공식 4단계를 마무리하겠습니다. 글씨 쓰기의 즐거움을 느껴보세요!

연습 단어 쓰기 연습

고운

우물

도톰

075

녹음

목숨

독립

보름

둑길

주목

둥 글

돌 풍

품 속

공식 05 나머지 글자는 네모칸에 쏙~!

규칙 나머지 글자들은 공식 1~4를 바탕으로
네모칸에 맞춰 쓰기

지금까지 선생님과 함께 4가지 공식을 배웠어요.

아직 배우지 않은 나머지 글자들은 어떻게 쓰면 될까요?

나머지 글자들은 지금까지 배운 공식 1~4를 바탕으로 네모칸 안에

쏙 맞춰 넣기만 하면 됩니다.

같이 하나씩 써보면서 연습해볼게요.

연습 모음 'ㅐ' 들어간 글자 쓰기

개 쓰기 연습

먼저 ㄱ을 배운 대로 출발화살표에서 시작해 써주세요. ①

그다음, ㅏ를 쓰고 ②

선 하나만 추가해서 ㅐ를 완성합니다. ③

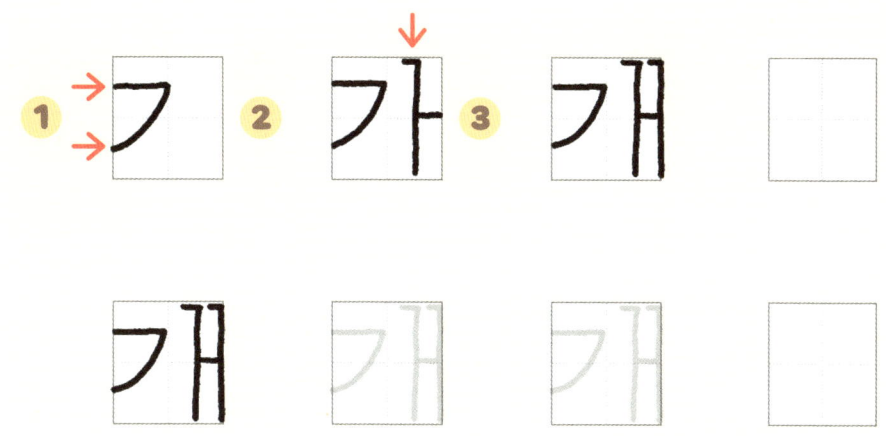

어때요? 네모칸 안에 쏙 들어오죠?

나머지 모음들도 이렇게 네모칸 안에 맞춰 쓰면 됩니다.

계속 같이 연습해볼게요.

내 쓰기연습

ㄴ을 출발화살표부터 써주고 ①

모음 ㅐ를 그려줍니다. ②

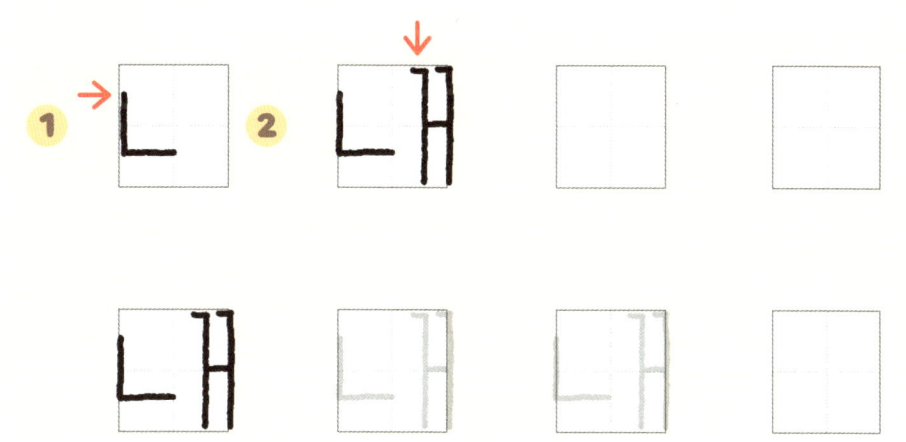

대 쓰기 연습

래 쓰기 연습

연습 모음 'ㅔ' 들어간 글자 쓰기

이제 모음 ㅔ를 배워보겠습니다.
방법은 같아요.

메 쓰기 연습

먼저 출발화살표에서 시작해 ㅁ을 써주세요. ①
그다음 ㅓ를 써주고 ②
선 하나만 추가해서 ㅔ를 완성합니다. ③
어때요? 네모칸 안에 딱 들어오죠?

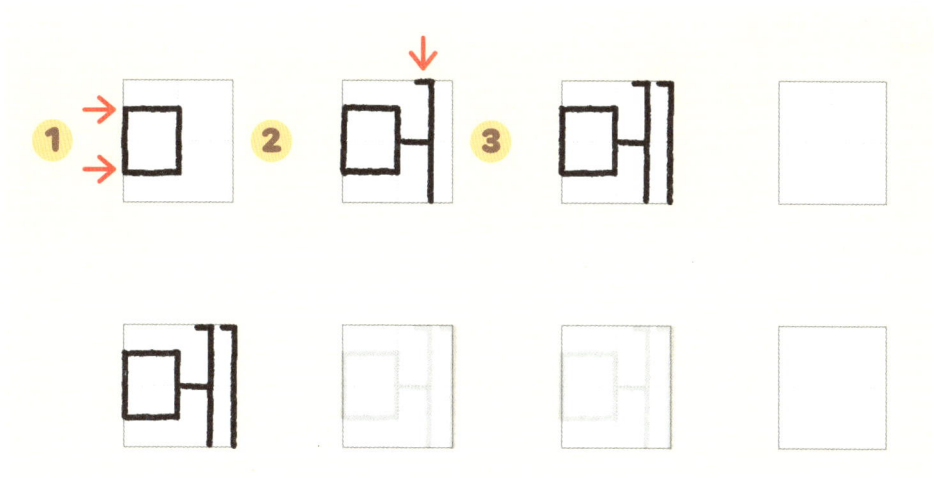

베 쓰기 연습

세 쓰기 연습

ㅅ은 양옆으로 조금씩 튀어나간다고 했죠?

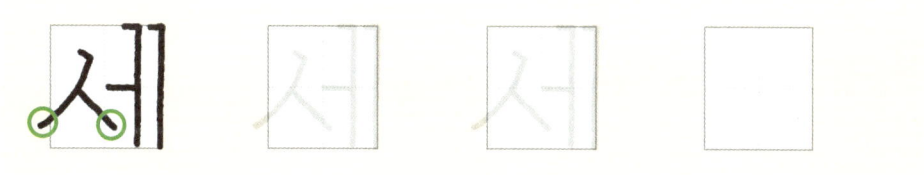

에 쓰기 연습

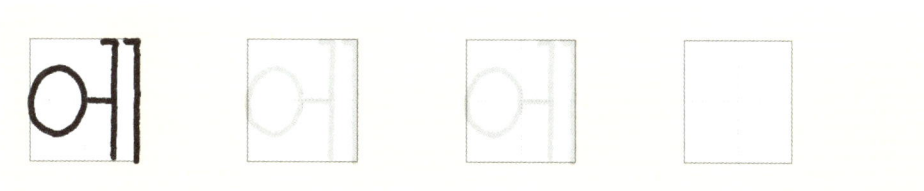

제 쓰기연습

ㅈ은 직선으로만 그려주세요.

체 쓰기연습

ㅊ도 출발화살표부터 시작해서 직선으로만 그려주세요.

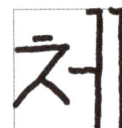   

연습 모음 'ㅑ' 들어간 글자 쓰기

캬 쓰기연습

ㅋ은 출발화살표에서 시작해 써주고 **1**

가운데를 기준으로 위아래에 선 두 개를 그려주세요. **2**

간격이 너무 벌어지지 않도록 주의해주세요.

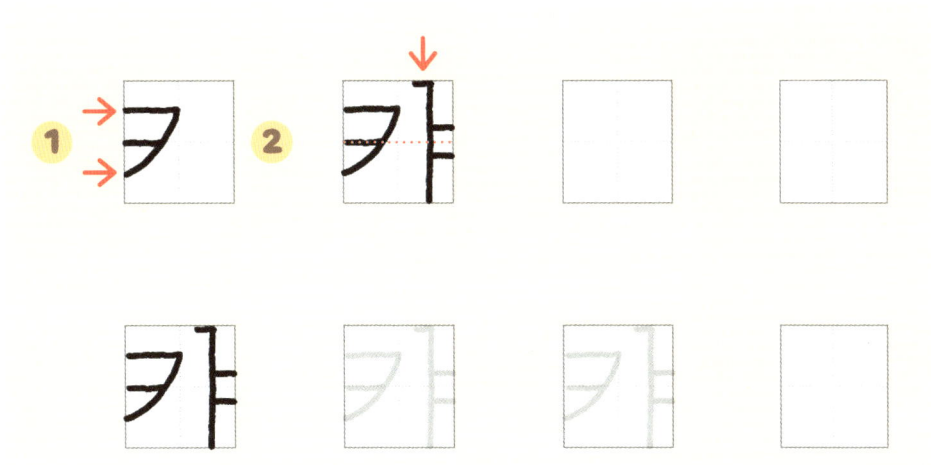

타 쓰기연습

ㅑ에서 선 두 개의 간격이 너무 벌어지지만 않으면 됩니다.

파 쓰기연습

햐 쓰기연습

ㅎ의 ㅇ은 충분한 크기로 키워주세요.

연습 모음 'ㅕ' 들어간 글자 쓰기

겨 쓰기연습

출발화살표에서 시작해 ㄱ을 써주세요. ❶

ㅕ를 쓸 때는 간격이 너무 벌어지지 않도록 신경 써주세요. ❷

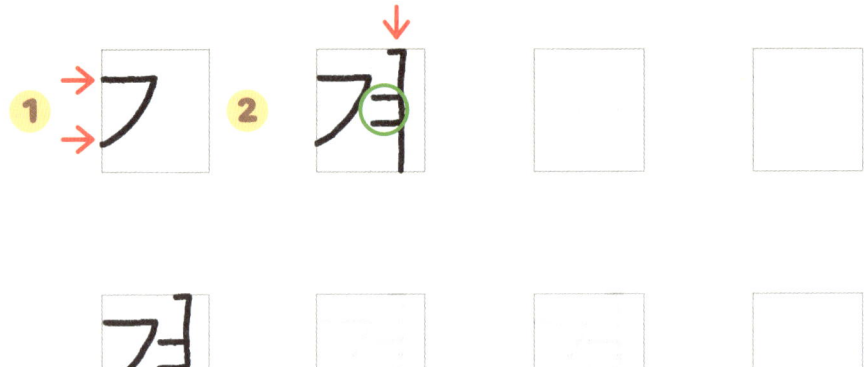

녀 쓰기연습

뎌 쓰기연습

려 쓰기연습

'러'를 쓸 때와 마찬가지로 ㄹ과 ㅕ가 붙지 않게 해주세요.

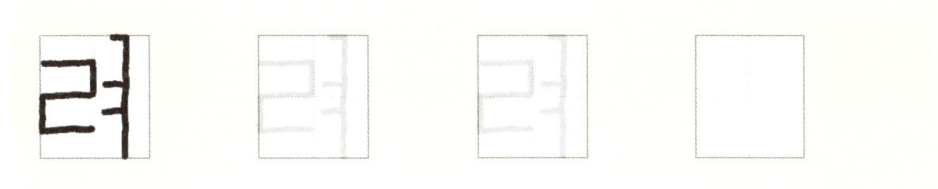

연습 모음 'ㅚ' 들어간 글자 쓰기

여기서는 응용력이 조금 필요합니다.

네모칸 안에 가득 채운다는 느낌으로 써주면 됩니다.

뫼 쓰기연습

먼저 '모'를 써야겠죠?

그런데 '모'를 크게 쓰면 'ㅣ'를 쓸 공간이 부족해요. ①

그래서 '모'는 오른쪽에서 톡톡 치는 느낌으로 살짝 왼쪽으로 옮겨서 써주세요.

미세한 차이가 느껴지나요? ②

그다음 'ㅣ'를 그려서 마무리해줍니다. ③

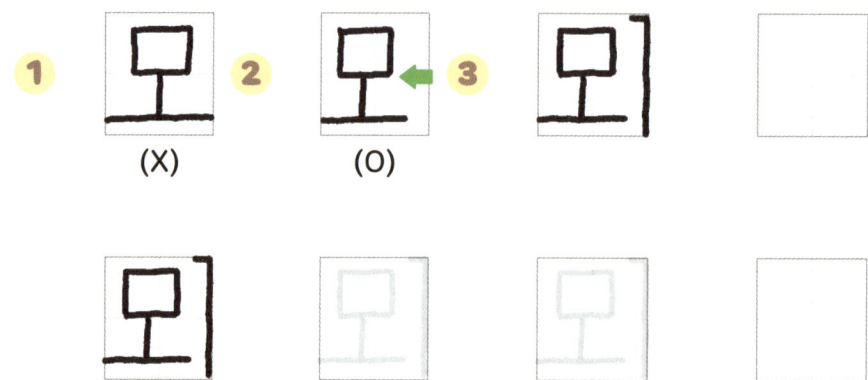

뵈 쓰기 연습

'보'를 쓸 때는 오른쪽에서 톡톡~! ①

그리고 'ㅣ'를 그려서 마무리해줍니다. ②

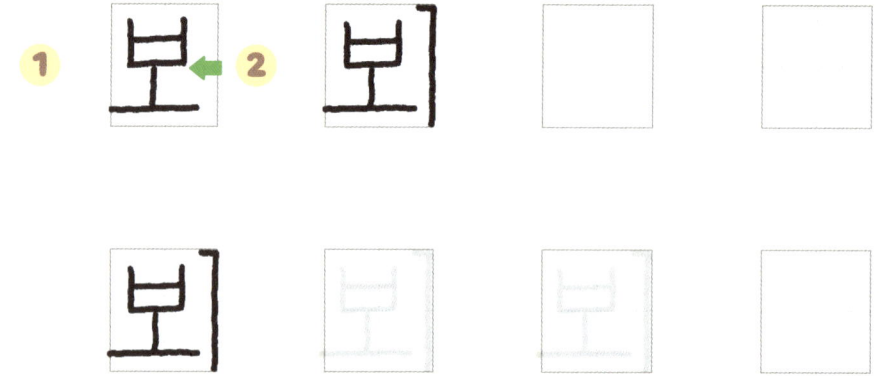

뢰 쓰기연습

쇠 쓰기연습

연습 모음 'ㅙ' 들어간 글자 쓰기

이제 한 단계 더 응용해볼게요.

왜 쓰기연습

먼저 '외'를 써볼게요. 1

'왜'를 쓰려면 공간이 좀 더 필요하겠죠?

'오'를 오른쪽에서 톡톡 치는 느낌에서 툭툭 쎄게 치는 느낌으로 보내줍니다. 2

이제 충분한 공간이 확보되었으니 'ㅐ'를 그려주세요. 3

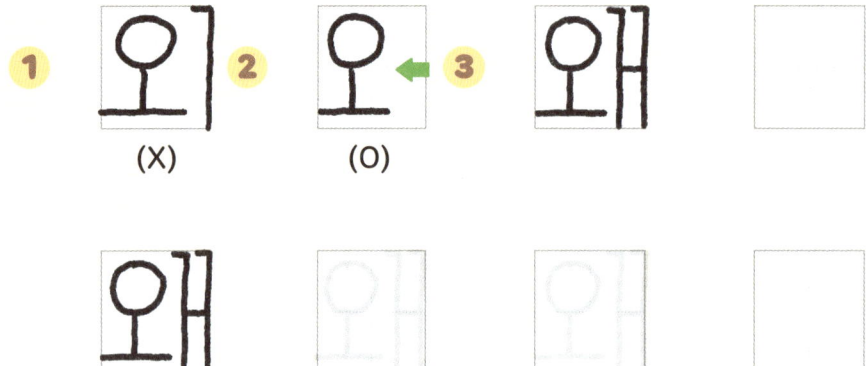

쵀 쓰기 연습

'조'를 오른쪽에서 쎄게 툭툭 쳐줍니다. ①

'ㅐ'를 그려서 마무리합니다. ②

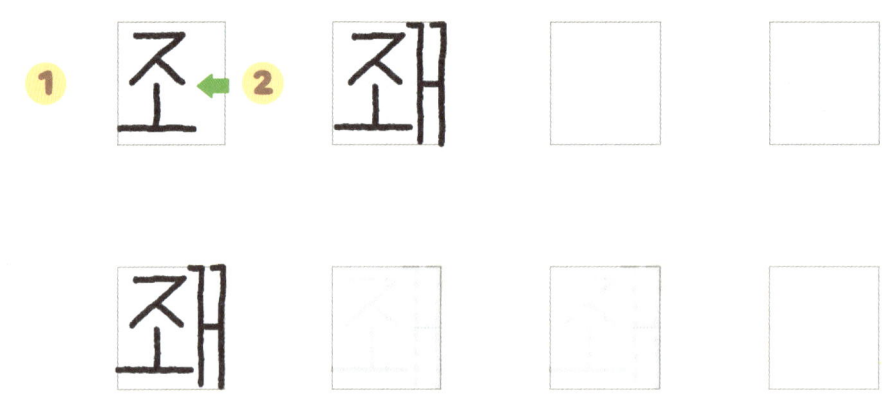

쵀 쓰기 연습

복잡하지 않습니다.

공식 5는 공식 1~4를 바탕으로 "네모칸 안에 최대한 가득 채운다!" 이 정도만 기억하면 됩니다.

연습 모음 'ㅢ' 들어간 글자 쓰기

이제 'ㅢ'로 넘어가볼게요.

방법은 'ㅚ'와 정확히 똑같습니다.

바로 써볼게요.

키 쓰기연습

티 쓰기연습

피 쓰기 연습

히 쓰기 연습

연습 모음 'ㅟ' 들어간 글자 쓰기

원리는 같아요.

'귀'를 쓰면서 설명할게요.

귀 쓰기 연습

'구'를 쓸 때 오른쪽에서 살짝 톡톡 쳐주세요. ❶

그다음 'ㅣ'를 그려주세요. ❷

정말 쉽죠?

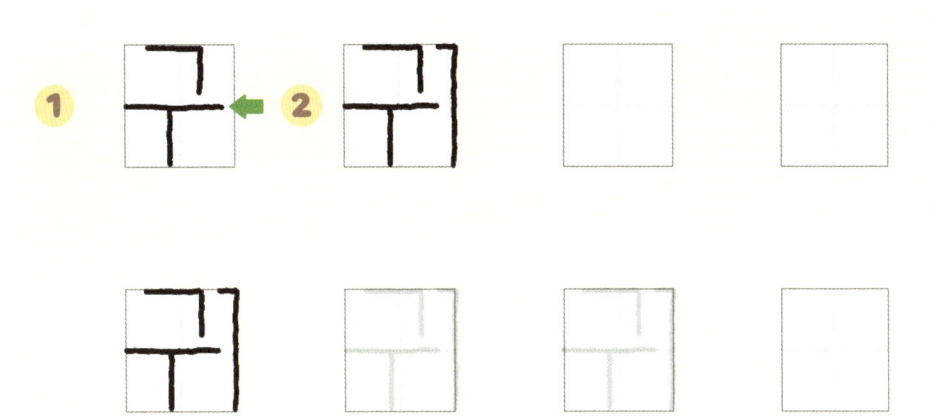

뉘 쓰기연습

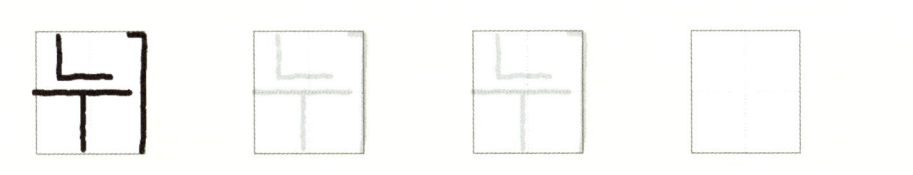

뒤 쓰기연습

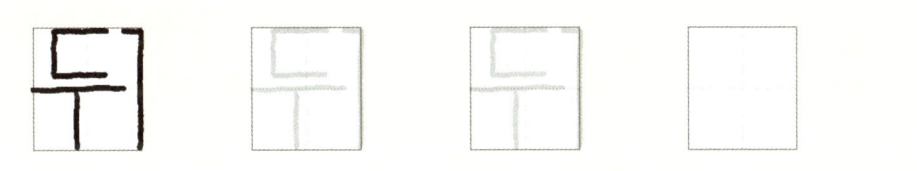

뤼 쓰기연습

뭐 쓰기 연습

이제 쌍자음과 겹받침만 정리하면 끝이에요!
같이 쓰면서 배워볼게요.

연습 쌍자음 가로형 글자 쓰기

'가로형 글자'에서 쌍자음을 적어볼게요.

까 쓰기 연습

ㄲ은 출발화살표에서 시작해 정확히 반씩 나눠 그려주세요. ❶ ❷
그리고 나머지 ㅏ를 그려줍니다. ❸

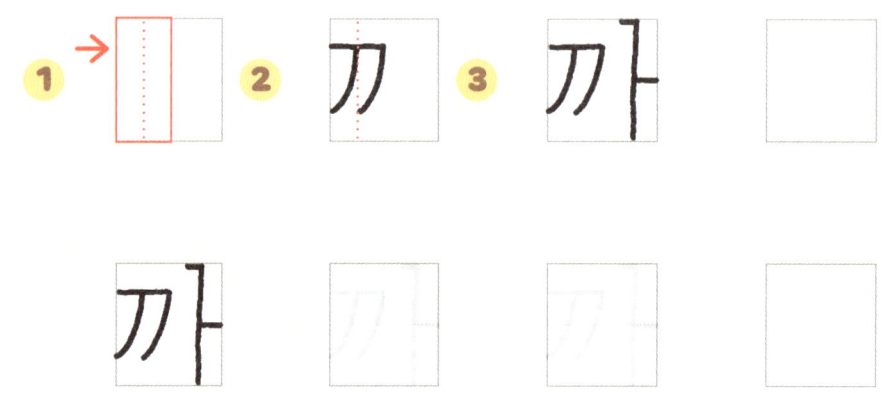

🟫 따 쓰기 연습

마찬가지로 ㄸ을 반씩 그려주면 됩니다.

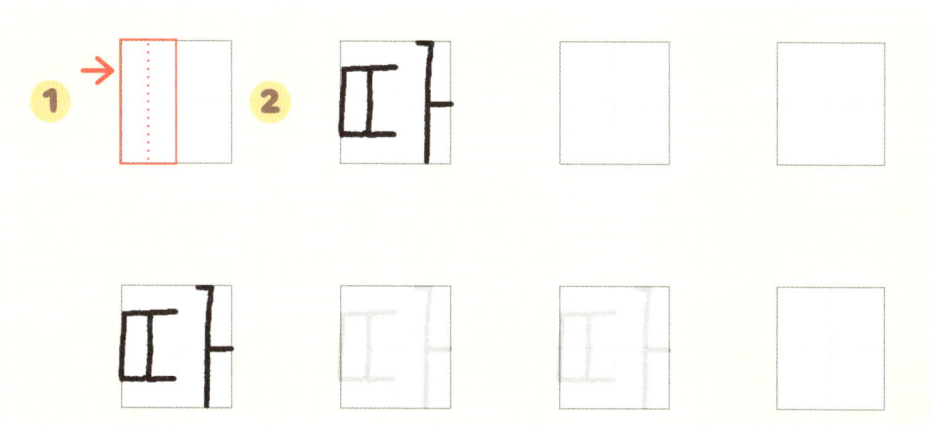

🟫 빠 쓰기 연습

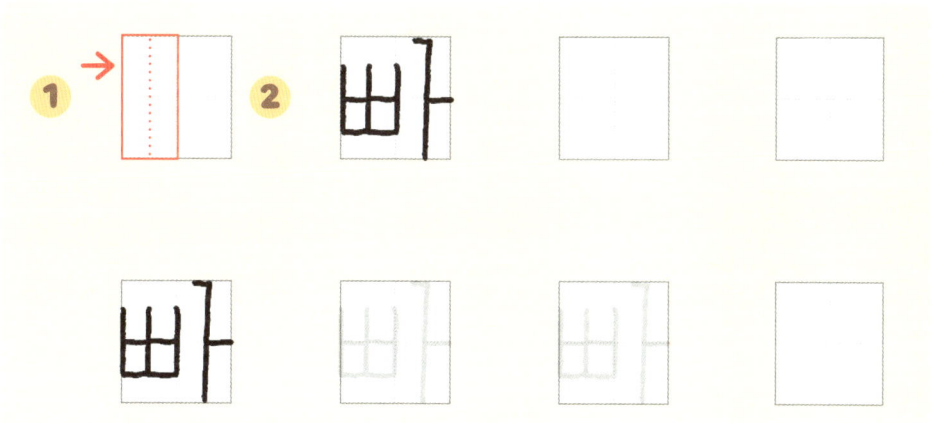

🟫 싸 쓰기 연습

ㅅ을 그리는데 두 번째 선은 점선까지만 짧게 그려주세요. 1 2
그다음 나머지 선을 이어서 완성합니다. 3

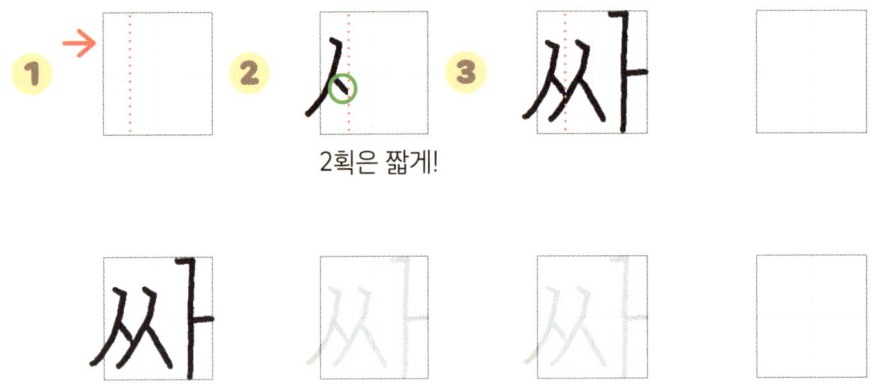

짜 쓰기 연습

ㅉ을 쓸 때도 ㅆ과 같이 이렇게 해주세요.

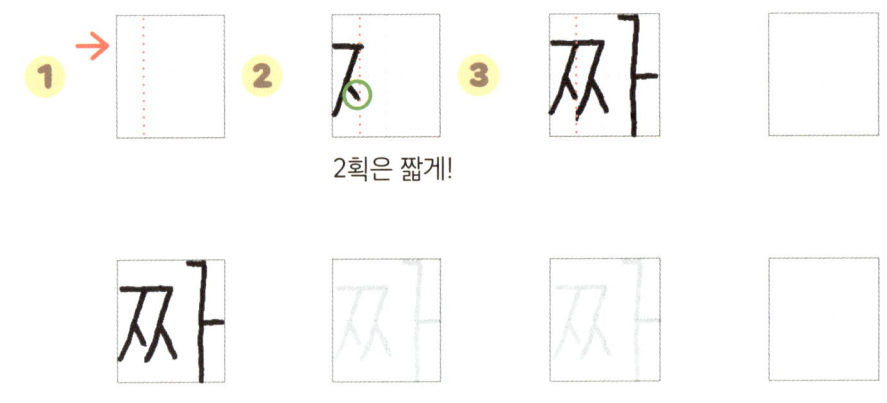

연습 쌍자음 세로형 글자 쓰기

ㄲ 쓰기 연습

먼저 ㄱ부터 적어볼게요.

첫 번째 ㄱ은 곡선이 들어가고 ①
두 번째 ㄱ은 직선으로만 그려주세요. ②
그리고 모음을 그려서 마무리합니다. ③
(이렇게 적는 이유는 직선으로만 적으면 모음과 자음이 연결되기 때문입니다.)

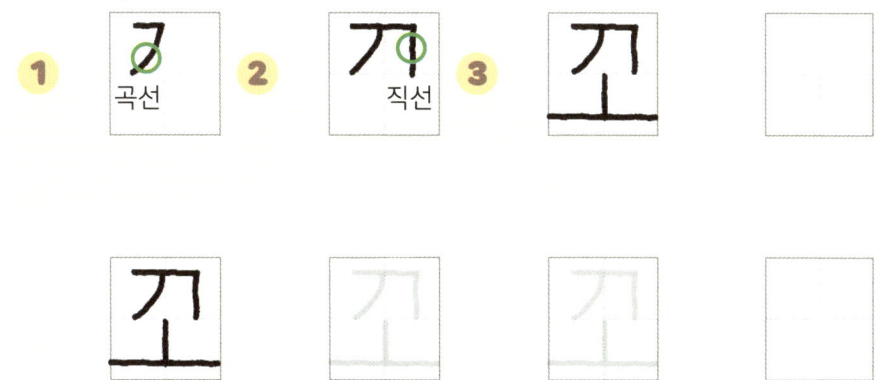

또 쓰기연습

뽀 쓰기연습

쓰 쓰기 연습

쪼 쓰기 연습

연습 겹받침 글자 쓰기

마지막으로 많이 쓰는 겹받침을 써볼게요.

없 쓰기 연습

'어'를 먼저 쓰고 ①, ㅂ을 반만큼 ②, ㅅ을 반만큼 써주면 됩니다. ㅅ은 항상 선을 살짝 여유 있게 나가도록 그려주세요. ③

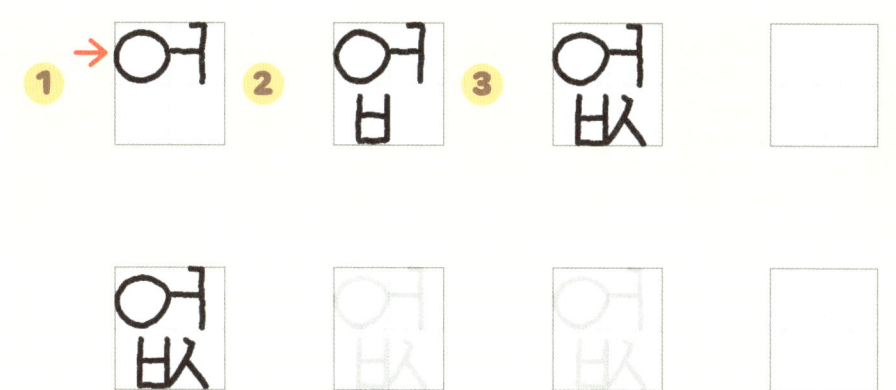

있 쓰기연습

'이'를 먼저 쓰고 ❶, 받침은 'ㅆ'을 쓰는 방식처럼 써주세요. ❷

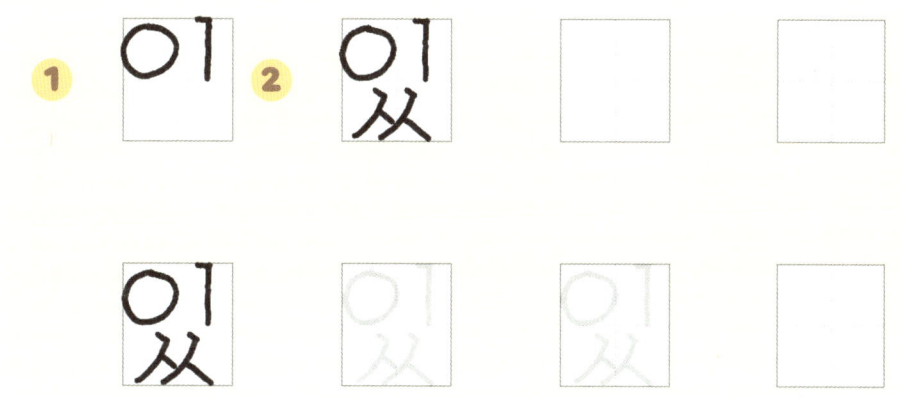

않 쓰기연습

겹받침은 반반씩 나눠 쓰는 공식만 지켜주면 됩니다.

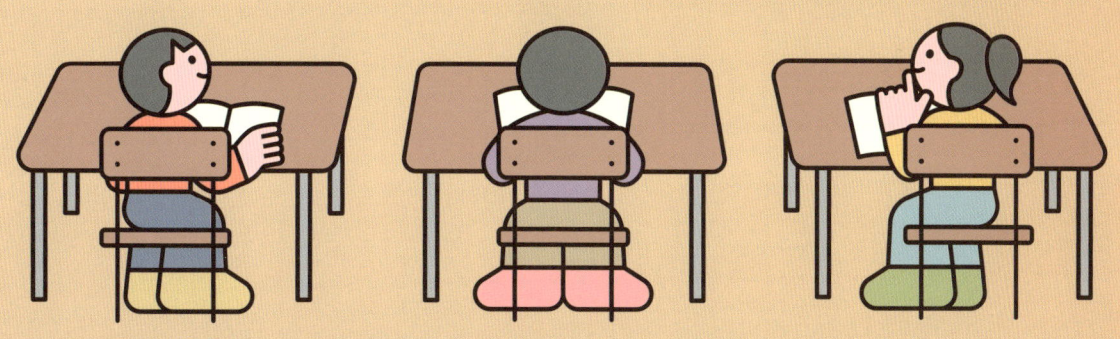

2부.
창용쌤 손글씨 연습노트

 ## 여러 가지 낱말 쓰기

바 다

바 람

미 소

맑음

연못

아지랑이

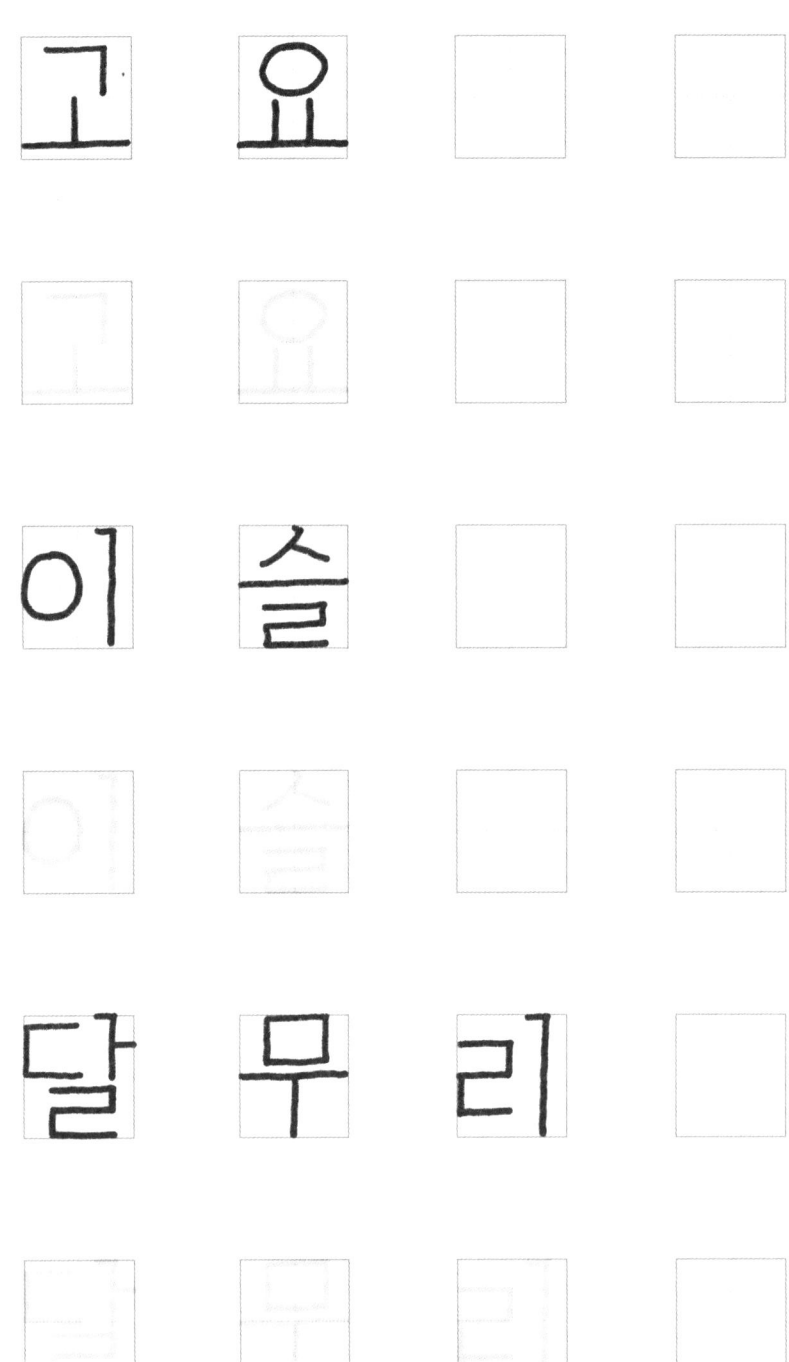

조각달

서늘

자줏빛

청초

새하얀

서리꽃

새 벽 노 을

물 안 개

이 슬

숲 길

설 렘

온 기

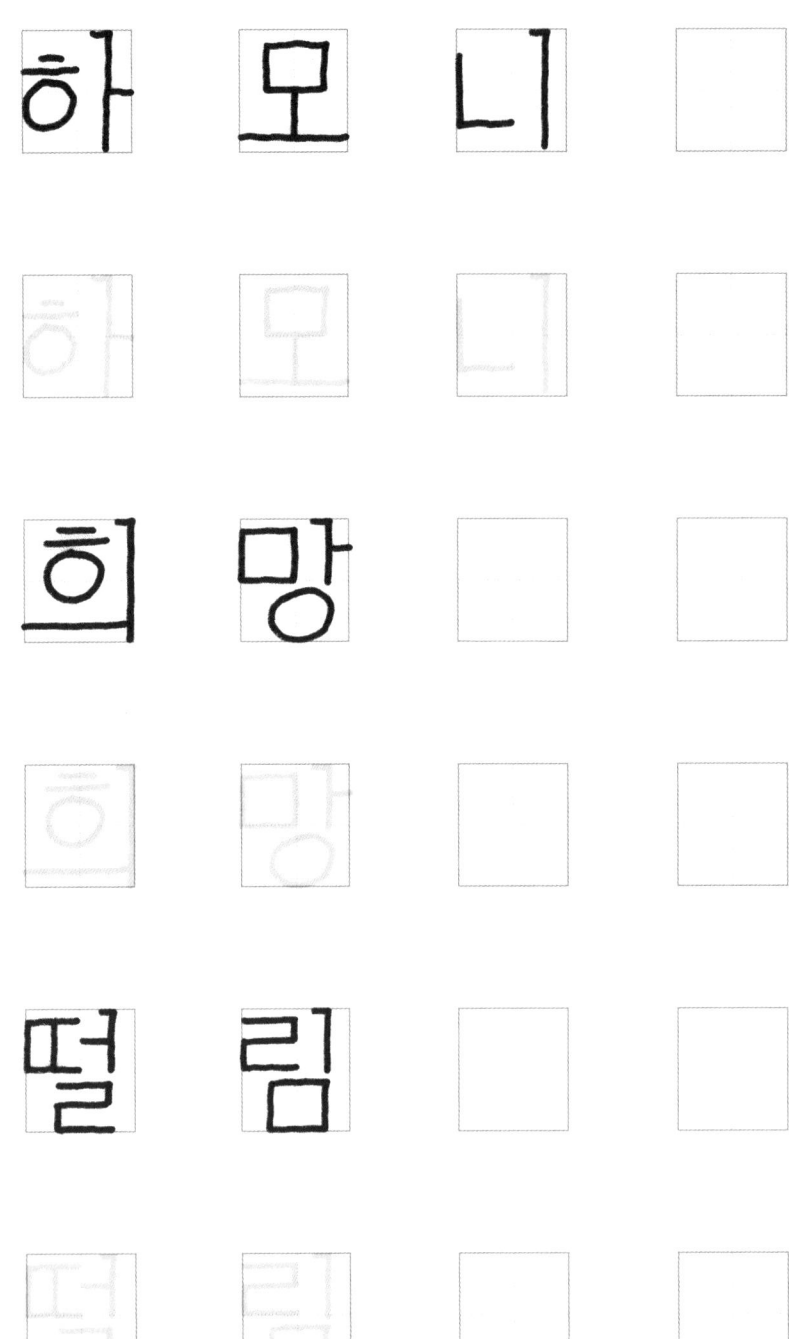

선 율

메 아 리

학 생

결 정

선 택

기 대

에너지

열정

표정

특징

공정

우승

박 수

가 족

거 실

주방

창문

정원

마 당

가 구

계 단

조 명

조 명

현 관

현 관

다 락 방

다 락 방

사 랑

부 모

형 제

자 매

자 식

할 머 니

할아버지

엄마

아빠

추억

식사

대화

성 장

교 육

보 호

 **좋은 글귀 줄노트 쓰기**

맑은 하늘에
새들이 자유롭게
날아다녀요.

맑은 하늘에
새들이 자유롭게
날아다녀요.

맑은 하늘에
새들이 자유롭게
날아다녀요.

강아지가
반갑게 꼬리를
흔들며 나를
맞이했어요.

강아지가
반갑게 꼬리를
흔들며 나를
맞이했어요.

서로를
배려하며
사이좋게
지내야 해요.

서로를
배려하며
사이좋게
지내야 해요.

나는 꿈을
이루기 위해
한 걸음씩
나아가고 있어요.

나는 꿈을
이루기 위해
한 걸음씩
나아가고 있어요.

나는
새로운 도전을
두려워하지
않기로 했어요.

나는
새로운 도전을
두려워하지
않기로 했어요.

함께 웃을 때
가장 행복한
순간이 찾아와요.

함께 웃을 때
가장 행복한
순간이 찾아와요.

소나기가
지나가고 무지개가
하늘에 떴어요.

소나기가
지나가고 무지개가
하늘에 떴어요.

어린이 손글씨의 힘!

초판 1쇄 발행 2025년 3월 31일

지은이 창용쌤 김창용
펴낸곳 ㈜에스제이더블유인터내셔널
펴낸이 양홍걸 이시원

블로그·인스타·페이스북 siwonbooks
주소 서울시 영등포구 영신로 166 시원스쿨
구입 문의 02)2014-8151
고객센터 02)6409-0878

ISBN 979-11-6150-961-7 73700

이 책은 저작권법에 따라 보호받는 저작물이므로 무단복제와 무단전재를 금합니다.
이 책 내용의 전부 또는 일부를 이용하려면 반드시 저작권자와 ㈜에스제이더블유인터내셔널의 서면 동의를 받아야 합니다.

시원북스는 ㈜에스제이더블유인터내셔널의 단행본 브랜드입니다.

독자 여러분의 투고를 기다립니다.
책에 관한 아이디어나 투고를 보내주세요.
siwonbooks@siwonschool.com